Luigi Ghirri

Luigi Ghirri
Pensiero Paesaggio
Thought Landscape

a cura di / edited by
Corrado Benigni
Mauro Zanchi

SilvanaEditoriale

Sommario
Contents

Pensiero Paesaggio

Corrado Benigni

Qui non resta che cingersi intorno il paesaggio/
qui volgere le spalle.
Andrea Zanzotto

Cosa vediamo quando guardiamo? Cosa vediamo quando guardiamo una fotografia? Questo è il tarlo magnifico dell'opera e della riflessione di Luigi Ghirri: il reale e le sue numerose rappresentazioni.

Ogni volta che osservo le sue fotografie mi torna alla mente il racconto di Daniele Del Giudice, *Nel museo di Reims*, dove il protagonista Barnaba, a causa di una malattia sta perdendo progressivamente la vista; così decide di sfruttare il tempo che gli rimane per fissare nella memoria alcuni capolavori dell'arte. È per questo che lo troviamo nel museo di Reims, tra le tele di Corot, Géricault, Delacroix e David.

Mentre Barnaba si aggira per le sale del museo, aggrappandosi ai dettagli per dare una forma ai dipinti, la voce di una donna gli si affianca.

Anne ha indovinato il suo segreto e inizia a descrivergli i quadri che lui quasi non vede. Tra i due nasce come un gioco fatto di intima tenerezza. Perché Anne in alcuni casi mente, racconta quello che non c'è, inventa particolari. E Barnaba lo sa. La voce di Anne, allora, diventa il filo da seguire nel labirinto che è il museo, alla scoperta di passaggi segreti, di percorsi di senso. E Barnaba si lascia condurre, prendendo a sua volta la parola, in un continuo scambio di ruoli.

La corrispondenza tra i due protagonisti è per molti aspetti la stessa che Ghirri stabilisce con i suoi lettori/spettatori, attraverso il *medium* della fotografia: "Mostrare come ci sia sempre nella realtà una zona di mistero".

Guardando le sue immagini, viene da chiedersi se quello che vediamo effettivamente è. O forse è la possibilità di vedere oltre il dato sensibile, attraverso la capacità immaginativa? Il fotografare in sé, come il raccontare, non è in fondo un po' mentire? Ghirri, come Anne nel racconto di Del Giudice, tanto svela quanto ri-vela la realtà, prende il mondo interiore e lo porta fuori, facendo vedere le cose attraverso l'occhio della sua mente e stabilendo un legame particolare, quasi un dialogo, con chi osserva i suoi scatti. Così lo sguardo del fotografo e quello dello spettatore finiscono per convergere in una messa a fuoco comune.

Cartesio diceva che l'immagine che noi abbiamo di un oggetto non necessariamente coincide con l'oggetto stesso. Nelle fotografie di Ghirri c'è sempre identificazione fra sguardo che percepisce e forma delle cose percepite. In molte sue fotografie la rappresentazione del mondo si sostituisce al mondo stesso: pensiamo soprattutto alle sue immagini di immagini, cartoline turistiche che si sostituiscono alla realtà. In questo modo Ghirri è come se portasse alla luce la nostra miopia di fronte al reale, facendo sì che l'attenzione venga spontaneamente rivolta non alle cose, bensì alle loro condizioni di visibilità. I suoi scatti danno la caccia al transito percettivo, all'irruzione dell'indistinto entro il cono di luce del senso, al suo farsi figura.

L'atto del vedere è al tempo stesso inizio, origine, archetipo (l'*ante oculos ponere* degli antichi) della conoscenza, ma anche tradimento, deformazione, sviamento dalla realtà empirica dell'oggetto da conoscere. Nell'opera del maestro emiliano vedere diventa un solo gesto con il fotografare. La fotografia dunque come area di accesso alla percezione del reale: la realtà è il suo segno, la realtà è il pensiero, la fotografia è fotografia di una fotografia.

Il lavoro di Ghirri è contrassegnato dalla tensione tra la cosa e la sua rappresentazione e non c'è nulla che egli ami più di quelle situazioni in cui i confini diventano permeabili. Queste vertigini della percezione, queste esplorazioni delle potenzialità infinite dello sguardo sono da sempre la materia prima del suo lavoro creativo, come un filo di continuità che sottende e dà senso peculiare a tutte le singole fotografie.

La sua opera ci ha insegnato un nuovo modo di vedere, dando un significato a quello che è apparentemente ovvio. Per questo gli scatti di questo fotografo riescono a fissarsi così plasticamente nella mente di chi li osserva. "Il solo viaggio possibile – come ha scritto – sembra essere oramai all'interno dei segni, delle immagini".

Per Ghirri il tema della percezione, dello sguardo, è profondamente legato alla riflessione sul paesaggio, come "opera d'arte diffusa", "come eros della terra", per dirla con il poeta Andrea Zanzotto. Non il paesaggio che viene normalmente percepito, bensì quello che vi si suppone latente, inscritto sul rovescio: paesaggio della memoria e della favola, paesaggio di figure nascoste e di prodigi.

Per tutta la vita Ghirri non ha mai cessato di sondare e dissodare il paesaggio, quello della propria terra prima di tutto, l'Emilia, facendone emergere gli strati più sepolti e ricavandone immagini profetiche e dal carattere universale.

L'esplorazione di Ghirri si è addentrata da un lato nel paesaggio fisico, in una campagna vaporosa e arcaica che il cemento ha vampirizzato o, negli angoli apparentemente meno corrotti, falsificata e ridotta all'ingannevole replica del presepe che era; dall'altro nel paesaggio umano, nell'*habitat* contemporaneo, con gli infiniti depositi storici, sociali, etici di uno spazio tutt'altro che 'micro', in quanto rispecchia un destino universale e che si ritrova oggi popolato da gente intorpidita e senza passioni o nevrotizzata.

Viaggio in Italia (1984) è uno dei lavori più conosciuti di Ghirri proprio su questo tema. Con il coinvolgimento di alcuni dei più importanti giovani fotografi di allora – tra cui Basilico, Barbieri, Jodice e Cresci –, questo progetto ha offerto una specie di melanconico saluto al paesaggio italiano del dopoguerra, emancipandolo dall'influenza pittorica radicata nella nostra tradizione. Un'operazione che ha rivoluzionato l'idea stessa di fotografia, spingendola verso una condizione di autonomia espressiva, mai vista prima nel nostro Paese, e celebrando un connubio sin qui riuscito solo a pochi: quello tra antropologia e metafisica. In questa direzione, Ghirri ha sempre prediletto luoghi familiari, già visti, ma per la prima volta 'guardati' con occhi diversi, dove tutto è sospeso tra passato e futuro e dove, come

in un paesaggio di campagna, il mondo può essere immaginato come una visione che dà ancora stupore. Un'idea leopardiana. D'altro canto per Ghirri la fotografia era un grande avvenimento del pensiero e dello sguardo. Un pensiero-paesaggio, verrebbe da dire. "La fotografia – come ha scritto nel saggio *L'opera aperta* – al di là di tutte le spiegazioni critiche e intellettuali, al di là di tutti gli aspetti negativi che pure possiede, penso che sia un formidabile linguaggio visivo per poter incrementare questo desiderio di infinito che è in ognuno di noi". Me lo immagino questo fotografo-*flâneur* al lavoro, mentre cammina in uno stato di concentrazione involontaria, che punta la macchina fotografica su accadimenti nascosti, poco spettacolari, sui propri riflessi della percezione e del pensiero: un atteggiamento che è stato l'essenza del suo essere fotografo.
Le immagini proposte in questo volume – *vintage* e *projects prints* – che risalgono soprattutto agli anni settanta e ottanta, formano una sorta di mosaico organico dei tratti principali del lavoro di Ghirri: interni ed esterni, campagna e città, presenza umana e minerale, architetture urbane e luoghi della vita quotidiana, fotografie di fotografie. Il tema principale di questi scatti è proprio il paesaggio, perché da esso – sembra suggerirci Ghirri – bisogna partire per ogni racconto dell'esistenza e a esso ritornare, per non perdersi nel disfacimento dell'esistenza.
Come ha scritto ancora una volta Andrea Zanzotto, la cui meditazione sul paesaggio è molto affine a quella dell'autore emiliano, e viceversa: "Per capire i luoghi non abbiamo bisogno di radicarci, ma di eradicarci, addentrandoci così profondamente in loro da riuscire a 'bucarli' per arrivare altrove, rivedendoli nuovi, forse soltanto allora 'nostri'". Questo intendeva Ghirri dicendo: "Dislocare lo sguardo, aprire il paesaggio". Ecco allora certe sue fotografie al limite del possibile, la cui prodigiosa visività riesce a scolpire un'immagine mentale in chi le osserva, per la capacità di indicare con precisione punti invisibili, impalpabili, indefinibili, che però sono i più concreti, i più incisi, i più intensamente vissuti da tutti. "In fondo – ha detto – in ogni visitazione dei luoghi, portiamo con noi questo carico di già vissuto e già visto, ma lo sforzo che quotidianamente siamo portati a compiere, è quello di ritrovare uno sguardo che cancella e dimentica l'abitudine; non tanto per rivedere con occhi diversi, quanto per la necessità di orientarsi di nuovo nello spazio e nel tempo".
Esistenza ed essenza, inquietudine e forma, dunque, sembrano stringersi in queste fotografie, nella cui misura riposa una grande forza evocativa. L'uomo è sempre dall'altra parte, che guarda, un attimo prima della soglia di un ambiente, al di qua di una finestra, davanti a un paesaggio, appunto. Ciò che vede è spesso la sua stessa solitudine. Protagonista di questi spazi dove l'uomo non appare quasi mai, e se appare è soltanto un elemento della composizione per suo interno ritmo, è il silenzio. Ed esso accomuna luoghi e oggetti in una statica, simmetrica fissità. Ne deriva una visione geometrica e stilizzata dell'arte fotografica, per la quale, come ha scritto Italo Calvino: "L'unico metodo a disposizione dell'uomo, sia che stia ragionando sia che stia creando, è quello di socchiudere gli occhi contro il bagliore e la confusione del mondo reale". Socchiudere gli occhi contro il bagliore e la confusione del mondo, guardando attraverso specole e cornici: una cosa che Ghirri ha imparato a fare molto presto e che ha perfezionato per tutta la vita. Così i luoghi e gli ambienti che ha fotografato sono diventati il correlativo esterno delle predilette stilizzazioni visive. La sua ossessione di fotografo è stata quella di dare un ordine al proprio sguardo, attraverso elementi che sono già presenti nel paesaggio e verso i quali dirigere l'occhio, perché "la fotografia è essenzialmente un dispositivo di selezione e attivazione del nostro campo di attenzione", come ha scritto. Nello scomporre porzioni

di realtà, nell'inquadrare quest'ultima entro una griglia, nel serializzarla, nell'individuazione di simmetrie, Ghirri ha messo ordine al caos informe delle cose umane, ha aperto spazi volumetrici attorno all'osservatore, in un miracoloso equilibrio di naturalezza e artificio. In questo senso bellissimi i suoi scatti d'interni, in particolare quelli nell'*atelier* del pittore Giorgio Morandi, o ancora nello studio milanese di Aldo Rossi: immagini che seguono con precisa coerenza il carattere dei disegni, dei collage e delle tante composizioni fantastiche del grande architetto. In questa circostanza Ghirri, pur in assenza di persone, ha messo in luce l'immagine di un interno come luogo di interiorità.
La fotografia di Ghirri è stata un continuo dialogo con altre discipline e linguaggi creativi: oltre all'architettura, grazie all'incontro con Aldo Rossi, anche la filosofia, la musica, la pittura e soprattutto la letteratura. Spesso il suo lavoro si è intrecciato con il mondo della parola, che per lui è stato come il prolungamento della fotografia. In particolare decisivo è stato il rapporto con Gianni Celati, un legame intenso di amicizia e di collaborazione, che lo ha portato a realizzare assieme allo scrittore diversi libri, tra cui *Il profilo delle nuvole* (1989). A proposito dell'opera di questo fotografo, lo stesso Celati ha scritto con lucida precisione: "L'idea fondamentale di Ghirri applicata alla foto è quella della proiezione affettiva: lo sguardo come incontro con le cose, verso cui ci dirige una nostra tendenza intima. Non esiste foto di Ghirri che si offra come pura documentazione: tutte mostrano questo orientamento verso un campo di prossimità, di simpatie, di attrazioni e riconoscimenti di un'intimità esterna".

Thought Landscape

Corrado Benigni

Here we just have to gird around the lanscape/
here turn the backs.
Andrea Zanzotto

What do we see when we observe? What do we see when we observe a photograph? This is the magnificent seed that is shown by the works and the reflections of Luigi Ghirri: reality and its many representations.

Every time I look at his photos I am reminded of the story written by Daniele Del Giudice, *Nel museo di Reims*: its leading character Barnaba is gradually losing his eyesight due to disease and so he decides to use the time he has left to fix some art masterpieces in his memory. This is the reason why we find him in the Reims Museum, amidst paintings by Corot, Géricault, Delacroix and David.

While Barnaba roams the exhibition showrooms, grasping onto details that might give a shape to the paintings, he suddenly hears the voice of a woman at his side.

Anne has discovered his secret and starts describing the paintings to him. The paintings he can barely see. A game made up of intimate tenderness is stirred between them. Sometimes Anne lies to him, describing what does not exist and inventing some details. Barnaba is aware of what's going on. So Anne's voice becomes the thread leading through the maze that is the museum, in the discovery of secret passages and sensorial paths. Barnaba allows himself to be led, speaking in turn, in a continuous exchange of roles.

Mutual feelings between the two protagonists are, in many ways, the same ones that Ghirri establishes with his readers/audiences through the photography *medium*: "Demonstrating that there is always an area of mystery in reality".

Looking at his images, one wonders whether what we see actually exists. Or is the sensitive issue maybe the fact of being able to see beyond, through an imaginative capacity? Isn't the act of photographing itself, like storytelling, slightly similar to lying? Ghirri, similarly to Anne in Del Giudice's story, unveils and re-veals reality, taking the inner world and bringing it out, making things visible through his mind-eye and establishing a special bond – almost a dialogue – with whoever observes his snapshots. Hence the eye of the photographer and the one of the viewer end up converging into a common focus.

Descartes said that the image we possess of an object does not necessarily coincide with the object itself. In Ghirri's photos there is always identification between the gaze which perceives and the form of perceived things. In many of his photographs the representation of the world substitutes the world itself: we especially refer to his images of images, tourist postcards that substitute reality. It is as if Ghirri brings to light our short-sightedness towards reality, ensuring that attention is spontaneously directed not to things, but to their visibility. His snapshots pursue a perceptual transit, the bursting of the indistinct within the light cone of sense, of its becoming a figure.

The act of seeing is simultaneously beginning, origin, archetype (the ancient *ante oculos ponere*) of knowledge, but also betrayal, deformation, derailment from the empirical reality of the object to be discovered. In the work of the Emilia-Romagna born master seeing becomes one with photography. Therefore photography as the area of access to perception of the real: reality is its sign, reality is thought, photography is the photography of a photograph.

Ghirri's work is distinguished by the tension between the object and its representation and there is nothing that he loves more than those situations in which boundaries become permeable. These heights of perception, these explorations of the infinite potential of the gaze, have always been the raw material of his creative work – like a thread of continuity that underlies and gives special meaning to every one of his photographs.

His work has taught us a new way of seeing, giving meaning to what is seemingly obvious. This is the reason why the pictures of this photographer manage to fix themselves so vividly in the mind of the observer. "The only possible journey", as he wrote, "now seems to be within signs, within images".

According to Ghirri the theme of perception, of the gaze, is deeply bound to the reflection on landscape, as "opera d'arte diffusa" (a work of widespread art), "come eros della terra" (as eros of the earth), as the poet Andrea Zanotto would put it. This is not the landscape that is normally perceived, but the one that is supposed to be latent, inscribed on the reverse: landscape of memory and fairytale, the landscape of hidden figures and wonders.

Throughout his life Ghirri has never ceased to probe and plough the landscape, that of his homeland first and foremost (Emilia), making its buried layers emerge and obtaining prophetic images of universal character.

Ghirri's exploration has penetrated, on the one hand, the physical landscape in an airy and archaic countryside whose lifeblood has been sucked by concrete or, in the seemingly less corrupted corners, has falsified and reduced to the deceitful replica of the *crèche* that it once was; on the other hand in the human landscape, the contemporary habitat with countless historical, social and ethical deposits of a space that is far from 'micro' – as it reflects a universal destiny and finds itself today populated by numb, passionless or neurotic people.

Viaggio in Italia (1984) is one of Ghirri's best known works on this theme. With the involvement of some of the most important young photographers of the time – including Basilico, Barbieri, Jodice and Cresci – this project has offered a sort of melancholic farewell to the post-war Italian landscape in order to free it from the influence of painting which is rooted in our tradition. An operation which has revolutionized the very idea of photography, prodding it towards a condition of expressive autonomy never experienced before in our country and celebrating a bond only managed by few: the union between anthropology and metaphysics.

In this direction, Ghirri has always preferred familiar places, already seen, but for the first time 'observed' with different eyes, where everything is suspended between past and future and where, like in the countryside, the world can be imagined as a vision which still arouses wonder. In the style of Leopardi. On the other hand, according to Ghirri photography was a great event of thought and of vision. A thought-landscape, one might say. "Photography", as he wrote in his essay *L'opera aperta*, "beyond all criticism and intellectual explanations, beyond all the negative aspects that it also possesses, I think is a terrific visual language able to boost this desire for infinity that is in all of us". I can imagine this photographer-*flâneur* at work, while walking in a state of involuntary concentration, pointing the camera to hidden and unspectacular events, on their reflexes of perception and thought: an attitude that was the essence of his being a photographer.

The images presented in this volume – *vintage* and *projects prints* – which mostly date back to the seventies and eighties, form a sort of organic mosaic of the main traits of Ghirri's work: indoor and outdoor shots, countryside and cities, human and mineral presence, urban architectures and places of everyday life, photographs of photographs. The main theme of these shots is precisely the landscape, because one must take off from it (Ghirri seems to suggest) to embark upon every tale about existence and then return to it in order not to get lost in the decline of life.

As Andrea Zanzotto (whose meditation on landscape is very similar to Ghirri's, and vice versa) wrote: "In order to understand places we need not take root, but uproot ourselves, 'penetrating' so deeply into them to be able to 'drill' them to get somewhere else, so as to observe them in a new manner, finally making them 'our own'". This is what Ghirri meant when saying: "Displacing the gaze, opening up the landscape". Some of his photographs stand on the edge of possibilities, and their prodigious visual skills are able to shape a mental image in the viewer thanks to the ability of accurately indicating invisible, intangible, indefinable points which are however the most concrete, engraved, intensely experienced by everyone. "After all", he said, "in every visitation of the places, we carry along this load of previously experienced and previously seen". The efforts that we are led to conduct on a daily basis are aimed at discovering a gaze that erases and forgets habits; not so much to see things with different eyes, as to respond to the need of steering ourselves again in space and time.

Hence existence and essence, uneasiness and form appear to be huddling together in these photographs where there rests a great evocative power. Indeed men are always on the other side, watching, just one step before the threshold to a room, on the other side of a window, in front of a landscape. What they see is often their own loneliness. The protagonist of these spaces where men almost never appear (and if they do, it is only one element of the composition due to its internal rhythm) is silence. Silence pools places and objects into a static, symmetrical fixity. It produces a geometric and stylized photographic art vision for which, as written by Italo Calvino: "The only available method to men, whether he is thinking or creating, is to squint against the glow and bustle of the real world". Squinting against the glare and confusion of the world, looking through eyeglasses and frames: something that Ghirri learned to do very soon and perfected throughout his lifetime. Places and landscapes photographed by him have become the external correlative of his favourite visual stylization. His photographic obsession has been to give some order to his gaze through elements that are already present in the landscape and towards which the eye may be directed, because "photography is essentially a selection and activation device of our field of attention", as he wrote. In breaking

down portions of reality, framing it within a grid, in serializing and identifying symmetries within, Ghirri has given some order to the formless chaos of human affairs, opened volumetric spaces around the observer in a miraculous balance of naturalness and artifice. In this sense, one can ascribe his beautiful interior shots, especially those in the painter Giorgio Morandi's atelier, or in Aldo Rossi's studio in Milan: images that follow with precise consistency the nature of drawings, collages and many imaginative compositions by the great architect. In this circumstance Ghirri, even in the absence of people, has highlighted the image of an interior as a place of interiority.
Ghirri's photography has been an ongoing dialogue with other disciplines and creative languages: in addition to architecture (thanks to his encounter with Aldo Rossi), philosophy, music, painting and especially literature. Often his work is interwoven with the world of words, which has been a sort of extension of photography in his view. Particularly decisive was the relationship with Gianni Celati, an intense bond of friendship and cooperation, which has led to them publishing several books together, including *Il profilo delle nuvole* (1989). Celati himself wrote with vivid precision: "The fundamental idea of Ghirri applied to photography is that of emotional projection: the gaze as an encounter with things, towards which intimate inclination directs us. Not one of Ghirri's photographs is a simple piece of documentation: all of them show this orientation towards proximity, sympathies, attractions and recognitions of an external intimacy".

Alle radici della luce sospesa

Mauro Zanchi

Di fronte all'opera di Luigi Ghirri il mio sguardo si sente a casa, anche senza capire fino in fondo perché. In quel 'non capire' si è stabilita un'attrazione, una prossimità, in cui trascorrono innumerevoli corrispondenze. Forse perché riconosco le radici della sua luce particolare e perché mi pare di ritrovare qualcosa di familiare nei suoi luoghi deputati. Ghirri lascia che si crei uno spazio (interpretativo, mentale, reale, profondo) tra lo scatto – ben confezionato e innegabilmente seducente, con una qualità luministica sempre particolare e riconoscibile – e l'intento concettuale. In questo spazio lo spettatore si può divertire a lasciare correre i suoi pensieri nelle immagini, e decidere se andare verso una lettura filosofica, poetica, nostalgica, o se ricondurla al periodo storico in cui è stata scattata, agli anni settanta o ottanta, al concettuale o al processuale, o se ritrovare echi della storia dell'arte e della fotografia. Ghirri è convinto che ogni sua istantanea, sebbene scaturita da un'occasione contingente e da un determinato attimo, ne richiama un'altra continuamente, e che non esiste nessuna immagine unica e compiuta, ma una serie di rimandi, di altre visioni e apparizioni, legate a loro volta a immagini già viste e a foto che verranno scattate in futuro, per riconoscere ogni volta qualcos'altro. Attraverso ogni fotografia tenta di mettere in atto una sorta di cancellazione del mondo esterno, della realtà che vede, per ricreare una narrazione mentale in sequenza. È un continuo desiderio di ritorno al bianco, per mettere in luce le cose. Le sue dislocazioni dello sguardo – intese come lavoro continuo del pensiero, al contempo sia poetico sia filosofico, e come misure dell'esperienza umana – sono utili per contemplare immagini del mondo che ci contiene e che conteniamo. Al di là degli intenti artistici, le fotografie di Ghirri sono appunti utili per ricordare gli aspetti minimi, per comprendere un divenire più articolato, sono documenti che si relazionano col tempo che passa. E in questo trascorrere dei giorni nelle stagioni lo sguardo sperimenta che ogni fotografia è un'immagine vaga, con un potenziale evocativo: i soggetti e i paesaggi sono come dentro a un abbraccio avvolgente, tra molte apparenze diffuse e visioni periferiche, tra qualcosa che si svolge continuamente in un determinato punto geografico e qualcos'altro che seguita ad accadere per altri milioni di persone, animali, vegetali, minerali. In questa complessità lo sguardo disloca la sua visione nella direzione di innumerevoli storie che procedono insieme. Qui i pensieri-fotografie sono proiezioni affettive, riconoscimenti di un'intimità che proviene dall'esterno, risonanze nell'incontro tra lo sguardo che vuole vedere e le cose del mondo che si fanno scorgere nella loro essenza profonda. Qualche volta si incontrano aspetti del sublime. Altre volte no, e scorrono solo appunti di viaggio. Nelle opere più riuscite di Ghirri si ha la sensazione di varcare il confine tra conosciuto e ignoto, e in quell'andare oltre si prova un sentimento di appartenenza a una realtà altra che rimane sconosciuta[1]. In quello stato di sospensione riemergono memorie visive familiari, ricordi di qualcosa che è stato visto nella vita quotidiana, in opere d'arte antiche e moderne, in film o in altre fotografie, e che ci ha emozionato, e al contempo qualcos'altro, spaesante e nuovo. Tutto reso in forma semplice, tra contemplazione degli oggetti più comuni e tracce sublimi della luce, tra percezioni atmosferiche e fenomeni dei colori e delle luci che avvolgono l'aperto del mondo. Nel grande teatro naturale, nell'ovvietà delle cose e delle apparenze, una leggera foschia, percorsa dalla luce diurna e dalle leggere sfocature di qualcuno che passa o dall'assenza totale di persone, ricrea un momento misterioso e lirico al contempo. Ghirri cerca di penetrare questo mistero dello spazio puro, lasciandosi portare dalla visione atmosferica. Risolve lo scatto avendo in mente i limiti delle rappresentazioni e attendendo possibili apparizioni del reale, anche solo attraverso i colori e i toni e le variazioni luminose, che hanno una qualità affettiva con i fenomeni sospesi. Solitamente nelle sue fotografie vi sono zone compatte senza bruschi scarti di illuminazione, in cui vengono messe in luce le cose, e dove viene ristabilita una sorta di vaghezza elementare. In molti casi Ghirri indaga gli interstizi anonimi e marginali, i non luoghi delle periferie o delle campagne. Si dirige spesso verso ciò che è lontano dalle cose conosciute nei centri storici italiani, come se ubbidisse a una voce che lo richiama in luoghi anonimi, come se lì potesse materializzarsi lo spirito invisibile della natura o apparire un frammento di verità. Forse in questi luoghi impara a vedere solo quello che inconsciamente sa già, e lo studio, la curiosità, il desiderio di conoscere gli servono a rendersi conto di questa verità, quella che è già dentro ognuno, e solo quella. Nel corpo a corpo con la fisicità dell'esistenza, Ghirri fotografa innumerevoli soggetti, con quella curiosità estrema che conduce all'eclettismo di qualità, convogliando il portato intellettuale di altre discipline (filosofia[2], letteratura, musica, arte), modulato con la sfera delle emozioni. È un fotografo al corrente della cultura concettuale e processuale, ma al contempo la sua sensibilità apprezza anche gli aspetti dello spaesamento percettivo metafisico, e ama scoprire dal vero, attraverso registrazioni con inquadrature, la realtà che sorprende, le sue situazioni nascoste. Allo stesso tempo i momenti colti dalle fotografie sono riferibili sia alle immagini della pittura – quelle che rappresentano la fissità della contemplazione estatica – sia a semplici testimonianze dei giorni feriali, di avvenimenti da ricordare o di luoghi umili, anche se tradotti in forma lirica, lasciando che il suo mondo possa essere immaginato come una visione in grado di innescare stupore o sorpresa. Ghirri è depositario di una luce particolare e di una visione che ha ereditato dalla tradizione pittorica quattrocentesca italiana: da Masolino a Beato Angelico, e da Piero della Francesca ad Antonello da Messina[3]. Ha assorbito anche le illuminazioni dei primitivi fiamminghi e di Jan Vermeer, certe influenze dei vedutisti veneziani del Settecento, ha condiviso l'interesse antropologico di Pieter Brueghel il Vecchio. Ha studiato con attenzione il metodo e la declinazione luministica di Giorgio Morandi, molte suggestioni dell'arte moderna e contemporanea, e ovviamente è debitore anche delle visioni fotografiche di Eugène Atget, Robert Frank, Lee Friedlander, Walker Evans, Tymothy O'Sullivan, William Eggleston[4], ma ha attinto alle loro intuizioni per essere semplicemente sempre se stesso e originale. Negli anni settanta e ottanta ha precorso alcune ricerche che sono state

approfondite da altri artisti e fotografi, divenuti poi famosi nel panorama internazionale. Un esempio è la serie *Diaframma 11, 1\125, luce naturale* (1970-1979), e poi la successiva realizzata tra il 1980 e il 1988 (emblematica è *Milano, Castello Sforzesco*, dove un gruppo di persone guarda la *Pietà Rondanini*), in cui Ghirri fotografa senza artifici i visitatori dei musei, ripresi di spalle, mentre sono assorti nella contemplazione, quasi fossero statue incantate di fronte alle opere d'arte, entro il sottile rapporto tra il vedere e l'essere veduti. Il fotografo concettuale ingloba le persone che si rapportano con le immagini, trasformandole nella stessa sostanza: il loro atto entra nell'opera di chi li ha visti vedere. Questa tipologia verrà ripresa e percorsa da Thomas Struth dal 1989, con fotografie di grandi dimensioni, nel suo ciclo più noto: *Museum Photographs*. Vi sono parallelismi e contingenze pure con opere di Candida Höfer e di altri fotografi della Scuola di Düsseldorf, con altre declinazioni. Anche i paesaggi rarefatti di Elger Esser, gli scatti pittorici e i ritratti di persone in interni[5] sono debitori delle suggestioni del maestro emiliano: sono paesaggi saturi di aura luminosa, come se fossero essenze di luoghi, non definite nel tempo, lontane dalla collocazione spaziale, riemersioni di memorie terragne o acquee, rievocazioni in stanze di memoria vermeeriana.
Riflettendo sui problemi lasciati aperti dalla tradizione pittorica, Ghirri ha declinato ulteriormente il guardare estatico tramandato dagli artisti del Rinascimento che più ammirava. Ha ricreato a suo modo un'atmosfera e una luce che rimanda agli affreschi di Masolino da Panicale nel battistero di Castiglione Olona, soprattutto al *Battesimo di Cristo* (1430), e ad alcuni affreschi di Beato Angelico nel convento di San Marco a Firenze, in particolare nelle due scene dell'*Annunciazione* (1438-1446), svolte in maniera sobria, dove sia i personaggi sia lo spazio che li accoglie sono modulati entro una luce che mira a elevare spiritualmente lo sguardo dello spettatore, come se si potesse condurre un'emozione verso un'atmosfera mistica. A differenza di Beato Angelico, però, i personaggi ritratti da Ghirri non sono eterei e nemmeno puri simboli svuotati della loro corporeità, bensì esseri fisici che partecipano, anche inconsapevolmente, alla magia dell'atmosfera nello spazio che li accoglie. In certe fotografie la luce che vibra in innumerevoli gocce sospese nell'aria ricorda l'atmosfera sullo sfondo della *Crocifissione* (1474 ca.) di Antonello da Messina, ora custodita alla National Gallery di Londra, o la luminosità polverulenta che riflette sul pavimento a poca distanza dalla finestra, sul lato destro del *San Gerolamo nello studio* (1475 ca.). La dimensione coloristica e l'atmosfera di una particolare luce sembrano anche della stessa natura di quella che Piero della Francesca ha espresso nella *Madonna del parto* (1450-1455) e in alcuni episodi della *Leggenda della Vera Croce* (1452-1459): il rapporto tra colore e luce in molte fotografie di Ghirri è simile a quello che fa vibrare il volo dell'angelo, tra l'azzurro del cielo e le varie declinazioni rosa sulla cupola della tenda nel *Sogno di Costantino*. In molte riprese paesaggistiche e di interni, la densità della rarefazione luministica, espressa da un'intuitiva sovraesposizione[6], raggiunge un'intensità sublime. Mi riferisco ad alcuni scatti della serie *Capri* (1981), *Versailles* (1977-1985), e di alcune fotografie eseguite nello studio di Morandi (1989-1990). Ghirri ricorda un modello rinascimentale relativo a una veduta di paesaggio circonfusa da una luce intensa, *La città ideale* (1490-1500) attribuita a un pittore ignoto o a Luciano Laurana, ora conservato a Baltimora, nella Walters Art Gallery.
In altre foto una luce brumosa che aleggia come una presenza essudata dalla terra ricorda quella stessa presente sullo sfondo della *Gazza sulla forca* (1568) di Brueghel. Del maestro fiammingo Ghirri condivide anche l'identico interesse per la descrizione della gente, nelle occupazioni giornaliere, nella ferialità, nel loro stare al mondo, nel trascorrere delle stagioni. L'inquadratura di *Masone, Casa Benati* (1985) rievoca qualche aspetto presente nella *Lezione di musica* (1662 ca.) di Jan Vermeer, ora conservata a Londra,

a Buckingham Palace, e alcuni dettagli (esemplare è il mappamondo), presenti nell'*Astronomo* (1668) ora al Museo del Louvre, a Parigi, e nel *Geografo* (1668-1669) dello Städelsches Kunstinstitut, a Francoforte sul Meno.
Per quando riguarda la questione dell'immagine nell'immagine, il fotografo emiliano riprende una tipologia e una suggestione già presenti nella *Pala di San Marco* (1440-1442), del suo diletto Beato Angelico, dove il pittore dipinge un quadro nel quadro, mettendo in primo piano una tavoletta con fondo oro, una Crocifissione, che pare poggiata sul pavimento, a poca distanza da un tappeto anatolico. In quasi tutte le scene di interni nei dipinti di Vermeer vi sono quadri o carte geografiche appesi alle pareti, posti ad ampliare il rapporto retinico con l'opera pittorica, con una modalità che ha colpito molto Ghirri, tanto da spingerlo a sviluppare ulteriormente questa ricerca concettuale. Nella *Lezione di musica* (1662 ca.) del pittore di Delft, lo specchio posto sulla parete di fondo riflette la dama che sta suonando la spinetta: è un altro spunto ripreso dal fotografo emiliano in molti scatti, che declinano in modo sottile la riflessione delle persone o degli oggetti nelle superfici specchianti. Nella serie *Ile Rousse* (1976), da *Kodachrome*, o in *Pisa*, da *Topographie-Iconographie* (1979), o in *Monticelli* (1987), da *Terme dell'Emilia Romagna*, gli specchi rivelano la presenza delle persone non inquadrate, evocando azioni e voci fuori campo. Il trucco di mostrare qualcosa che non è in primo piano, per amplificare lo spettro della visione o per dare l'illusione al fruitore di essere al centro, tra lo spazio descritto nel dipinto e l'autore che compare nello specchio posto sulla parete di fondo, è ben suggerito nel *Ritratto dei coniugi Arnolfini* (1434) di Jan van Eyck. Ghirri sposta ulteriormente, in maniera al contempo poetica e concettuale, questa intuizione del pittore fiammingo, scattando l'*Autoritratto* del 1977: qui crea una dislocazione dello sguardo tra la sua immagine riflessa in una vetrina, assieme ai palazzi dell'altro lato della strada, e uno specchio che è all'interno del negozio, il quale mostra un altro pezzo di strada e un'altra vetrina in lontananza. La forma tonda dello specchio e la sua leggera inclinatura verso sinistra ricorda quello presente nel *Cambiavalute con la moglie* (1514) di Quentin Metsys, ora custodito al Louvre. Il gioco dei rimandi con opere del passato potrebbe continuare ancora per molte pagine, e forse potrebbe suggerire altre possibilità di lettura e collegamenti di senso. Ma qui mi fermo momentaneamente solo per sostare di nuovo davanti alle innumerevoli immagini di Ghirri, da intendere quali "enigmi che si leggono col cuore", e lo sguardo e i pensieri si muovono tra assenze e presenze, tra interni domestici e architetture nel paesaggio, tra ricordi fissati nelle opere d'arte di ogni tempo, come se si potesse presagire che abbiamo abitato più luoghi, tra incroci fisici e mentali, in un continuo perdersi e ritrovarsi di nuovo, entro una "sintonia totale, che ci fa dimenticare che tutto questo esisteva e continuerà a esistere, al di là dei nostri sguardi".

[1] Il fascino dell'immagine sta anche nel trovare un equilibrio tra quello che si deve vedere e quello che non si deve vedere. Non deve essere una fotocopia della realtà. Il problema è sempre quello. [...] Mostrare come ci sia sempre nella realtà una zona di mistero, una zona insondabile che secondo me determina anche l'interesse dell'immagine fotografica (Luigi Ghirri, *Lezioni di fotografia*, Macerata 2010, pp. 195-196).
[2] Soprattutto la fenomenologia di Husserl e di Merleau-Ponty.
[3] È Ghirri stesso a dichiarare la sua ammirazione per i pittori nominati, nei suoi scritti, ed è confermato dalla testimonianza di sua figlia Ilaria, che ho conosciuto e intervistato a Roncocesi qualche mese fa.
[4] "Anche io non so dire se mi hanno illuminato di più i paesaggi musicali e poetici di Bob Dylan, le sculture-architetture di Claes Oldenburg, le visioni fotografiche di Robert Frank e Lee Friedlander, il rigore etico di Walker Evans, o se invece sono state le cosmogonie di Brueghel, i fantasmi felliniani, le vedute degli Alinari, i silenzi di Eugène Atget, la precisione dei fiamminghi, la purezza di Piero della Francesca o i colori di Van Gogh" (Luigi Ghirri).
[5] Si veda: Elger Esser, *Senza titolo*, 1994.
[6] Questa tecnica della sovraesposizione ha avuto poi molti estimatori e imitatori nella fotografia contemporanea.

At the Roots of Suspended Light

Mauro Zanchi

Looking at the work of Luigi Ghirri my gaze feels at home, even without fully understanding why. In that 'not understanding' what has been established is an attraction, a proximity, the setting for countless correspondences. Perhaps because I recognise the roots of his special light and because I seem to find something familiar in the places he chooses. Ghirri allows the creation of a space (interpretative, mental, real, profound) between the photo – beautifully packaged and undeniably seductive, with a luministic quality that is always particular and recognisable – and the conceptual intent. In this space, the viewer can enjoy allowing their thoughts to run in the pictures, and deciding whether to opt for a philosophical, poetic or nostalgic reading, or whether to trace it back to the historical period in which it was taken, to the seventies or eighties, to the conceptual or the procedural, or whether to seek echoes of the history of art and photography. Ghirri believes that every one of his shots, although sprung from a contingent occasion and a certain moment, constantly recalls another, and that no image is unique and complete, but a series of references, of other visions and apparitions, linked in turn to images seen already and photos that will be taken in the future, to recognise something else every time. Through each photograph he tries to implement a sort of erasure of the external world, of the reality he sees, to recreate a mental narrative sequence. It is a continuous desire to return to whiteness, to shine a light on things. His dislocations of the gaze – understood as an ongoing work of thought, both philosophical and poetic, and as a measure of human experience – are useful in contemplating images of the world that contains us and which we, in turn, contain. Beyond their artistic intent, Ghirri's photographs are useful, in fact, for recalling the minimum aspects, for understanding a more complex becoming; they are documents that are related to the passing of time. And in this passage of days within the seasons, the gaze ensures that every photograph is a vague image with an evocative potential: it is as though the subjects and landscapes are held in an enveloping embrace, among many diffuse appearances and peripheral visions, between something that takes place continuously at a given geographic point and something that continues happening for millions of people, animals, plants and minerals. In this complexity, the gaze dislocates his vision in the direction of countless stories that proceed together. Here the thoughts-photographs are emotional projections, recognitions of an intimacy that comes from outside, resonances in the meeting between the gaze that wants to see and the things of the world that allow themselves to be glimpsed in their very essence. Sometimes aspects of the sublime meet. Other times they do not, and all that flows are the notes from a journey. In the most successful of Ghirri's works there is a feeling of crossing the boundary between the known and the unknown, and in that going beyond we experience a feeling of belonging to another reality that remains unknown[1]. In that state of suspension resurface familiar visual memories, recollections of something that has been seen in everyday life, in ancient and modern works of art, in films or in other photographs, and that thrilled us, and at the same time something else, disorienting and new. All rendered in a simple form, between the contemplation of everyday objects and sublime traces of light, between atmospheric perceptions and phenomena of colours and lights that envelop the open world. In the large natural theatre, in the obviousness of things and appearances, a slight haze, pierced by the light of day and by the slight blurring of someone passing or a total absence of people, recreates a moment that is mysterious and lyrical at the same time. Ghirri tries to penetrate this mystery of pure space, letting himself be transported by the atmospheric vision. He shoots, aware of the limits of the representations and awaiting possible appearances of reality, even only through the colours and tones and variations in the light, that have an emotional quality with the suspended phenomena. Usually in his photographs there are compact areas without sudden bursts of illumination, in which things are brought to light, and where a sort of elementary vagueness is re-established. In many cases Ghirri investigates anonymous and marginal gaps, the non-places on the edges of cities or in the countryside. He often moves towards that which is far from the famous elements of Italian town centres, as if obeying a voice that calls him to anonymous places, as if there the invisible spirit of nature might materialise or a fragment of truth appear. Perhaps in these places he learns to see only what he already knows unconsciously, and the study, the curiosity, the desire to know are what he needs to become aware of this truth, that which is already within everyone, and no more than that. In the close contact with the physicality of existence, Ghirri photographs countless subjects, with that extreme curiosity that leads to the eclecticism of quality, channelling the intellectual lead of other disciplines (philosophy[2], literature, music, art), modulated with the sphere of the emotions. He is a photographer who is aware of conceptual and procedural culture, but at the same time his sensitivity also appreciates the aspects of perceptual metaphysical disorientation, and loves to discover from the true, through recording with photos, that reality which is surprising, its hidden situations. At the same time, the moments captured by the photographs refer both to the images of paintings – those representing the fixity of ecstatic contemplation – and simple testimony of the everyday, of events to remember or humble places, even if translated into lyrical form, allowing his world to be imagined as a vision capable of triggering astonishment or surprise. Ghirri is the depositary of a particular light and vision he inherited from the 15th-century Italian painting tradition: from Masolino to Fra Angelico, and from Piero della Francesca to Antonello da Messina[3]. He has also absorbed the illuminations of the Flemish Primitives and Jan Vermeer, undoubted influences on the Venetian painters of the 18th-century; he shared the anthropological interest of Pieter Brueghel the Elder. He carefully studied the method and luministic declination of Giorgio Morandi, many influences of modern and contemporary art, and obviously is also indebted to the photographic visions of Eugène Atget, Robert Frank, Lee Friedlander, Walker Evans,

Tymothy O'Sullivan, William Eggleston[4], but drew on their insights to simply be himself and always original. In the seventies and eighties, he pioneered paths that were explored by other artists and photographers, who then became internationally famous. One example is the series *Diaframma 11, 1\125, luce naturale* (1970–1979), and then the subsequent one realised between 1980 and 1988 (emblematic of this is *Milano, Castello Sforzesco*, where a group of people gaze at the *Rondanini Pietà*), where Ghirri photographs the museum visitors without artifice, from behind, as they are engrossed in contemplation, almost as if they were enchanted statues in front of the works of art, within the subtle relationship between seeing and being seen. The conceptual photographer encompasses the people who relate with the images, transforming them into the substance itself: their act enters into the work of those who have seen them see. This typology will be taken up and pursued by Thomas Struth from 1989, with large photographs, in his best-known cycle: *Museum Photographs*. There are parallels and contingencies as well with works by Candida Höfer and other photographers of the Düsseldorf School, with other variations. The rarefied landscapes of Elger Esser too, painterly shots and portraits of people in interiors[5] owe a debt to the suggestions of the Emilian master: they are landscapes saturated in a luminous aura, as if they were the essences of places, undefined in time, far from a spatial location, re-emerging earthen or watery memories, re-evocations in rooms that recall Vermeer.

Reflecting on the problems left unresolved by the pictorial tradition, Ghirri has further refined the ecstatic gaze handed down by the Renaissance artists he most admired. He recreated in his own way an atmosphere and light that recalls the frescoes of Masolino da Panicale in the Baptistery of Castiglione Olona, especially the *Baptism of Christ* (1430), and some of Fra Angelico's frescoes in the convent of San Marco in Florence, in particular in the two scenes of the *Annunciation* (1438–1446), soberly executed, where both the characters and the space that welcomes them are modulated by a light that seeks to spiritually elevate the viewer's gaze, as if capable of leading an emotion towards a mystical atmosphere. Unlike Fra Angelico, however, the characters portrayed by Ghirri are not ethereal nor are they pure symbols emptied of their corporeality, but physical beings who participate, even unconsciously, in the magic of the atmosphere in the space that welcomes them. In some photographs, the light that vibrates in countless droplets suspended in the air recalls the atmosphere of the background of the *Crucifixion* (ca. 1474) by Antonello da Messina, now in the National Gallery in London, or the powdery light reflected on the floor a short distance from the window, on the right-hand side of *St. Jerome in his Study* (ca. 1475). The dimension of the colour and the atmosphere of a particular light also seems to be of the same nature as that expressed in Piero della Francesca's *Madonna del Parto* (1450–1455) and in some of the episodes of the *Legend of the True Cross* (1452–1459): the relationship between colour and light in many of Ghirri's photographs is similar to the one that makes the angel's flight vibrate, between the blue of the sky and the various pink declinations on the dome of the tent in the *Dream of Constantine*. In many of the landscape and interior shots, the density of the luministic depletion, expressed by an intuitive overexposure[6], achieves a sublime intensity. I am referring to some of the shots in the *Capri* series (1981), *Versailles* (1977–1985), and some of the photographs taken in Morandi's studio (1989–1990). Ghirri recalls *The Ideal City* (1490–1500), a Renaissance model relating to a landscape view bathed in bright light, attributed to an unknown artist or to Luciano Laurana, now in the Walters Art Gallery in Baltimore.

In other photos a hazy light that hovers like a presence exuded from the earth recalls the same one present in the background of *The Magpie on the Gallows* by Brueghel (1568). With the Flemish master Ghirri also shares an interest in the description of people, in their daily occupations, their ordinariness, their being in the world, in the passing of the seasons. The framing of *Masone, Casa Benati* (1985) evokes some of the aspects present in *Music Lesson* (ca. 1662) by Jan Vermeer, now in Buckingham Palace in London, and some details (for example, the globe) in *The Astronomer* (1668) now in the Louvre, in Paris, and in *The Geographer* (1668–1669) in the Städelsches Kunstinstitut in Frankfurt.

As for the issue of the image within the image, the Emilian photographer takes up a type and a suggestion already seen in the *San Marco Altarpiece* (1440–1442), by his beloved Fra Angelico, where the painter paints a picture within a picture, placing in the foreground a small panel with a gold background, a Crucifixion, which seems to be resting on the floor, not far from an Anatolian carpet. In almost all the indoor scenes in Vermeer's paintings there are paintings or maps on the walls, placed there to expand the retinal relationship with the painting, in a way that struck Ghirri profoundly, and pushed him to further develop this conceptual notion. In *The Music Lesson* (ca. 1662) by the painter from Delft, the mirror placed on the rear wall reflects the lady playing the spinet: this is another cue taken up by the Emilian photographer in many shots, that subtly use reflections of people or objects in mirrored surfaces. In the *Ile Rousse* series (1976), from *Kodachrome*, or in *Pisa*, from *Topographie-Iconographie* (1979), or in *Monticelli* (1987), from *Terme dell'Emilia Romagna*, the mirrors reveal the presence of the people outside of the frame, evoking actions and voices off. The trick of showing something that is not in the foreground, to amplify the spectrum of vision or to provide the viewer with the illusion of being in the centre, between the space described in the painting and the artist who appears in the mirror placed on the back wall, is clearly suggested in the *Arnolfini Portrait* (1434) by Jan van Eyck. Ghirri takes this intuition of the Flemish painter further, in a way that is poetic and conceptual at the same time, with the *Self-Portrait* of 1977: here he creates a dislocation in the gaze between his reflection in a shop window, along with other buildings across the street, and a mirror which is inside the shop, which shows another piece of the street and another window in the distance. The round shape of the mirror and its slight leaning to the left recall that of the *Moneylender and his Wife* (1514) by Quentin Metsys, now in the Louvre. The list of cross-references with works from the past could continue for many pages, and might perhaps suggest other possibilities of interpretation and connections of meanings. But I will pause here for a moment only to stop again before the countless Ghirri images, which have to be understood as "enigmas to be read with the heart", and the gaze and thoughts move between absences and presences, between domestic interiors and architecture in the landscape, between memories fixed in works of art from every era, as though we could predict that we have lived in various places, amidst physical and mental crossroads, in a continual losing and finding of ourselves again, within a "total harmony, which makes us forget that all this existed and will continue to exist, beyond our gaze".

[1] "The charm of the image also lies in finding a balance between what you should see and what you should not see. It must not be a photocopy of reality. The problem is always the same. [...] To show how there is always an area of mystery in reality, an unfathomable area which, I think, also determines the interest of the photographic image" (Luigi Ghirri, *Lezioni di fotografia*, Macerata 2010, pp. 195–196).

[2] Especially the phenomenology of Husserl and Merleau-Ponty.

[3] Ghirri himself declares his admiration for the artists mentioned, in his writings, and this is confirmed by the testimony of his daughter Ilaria, whom I met and interviewed in Roncocesi a few months ago.

[4] "I too am uncertain whether I was more enlightened by musical and poetic landscapes of Bob Dylan, the sculpture-architecture of Claes Oldenburg, the photographic visions of Robert Frank and Lee Friedlander, ethical rigour of Walker Evans, or if it was the cosmogony of Brueghel, Fellini's ghosts, Alinari's views, the silences of Eugène Atget, the precision of the Flemish, the purity of Piero della Francesca or the colours of Van Gogh" (Luigi Ghirri).

[5] See: Elger Esser, *Untitled*, 1994.

[6] This technique of overexposure has also had many admirers and imitators in contemporary photography.

Opere Works

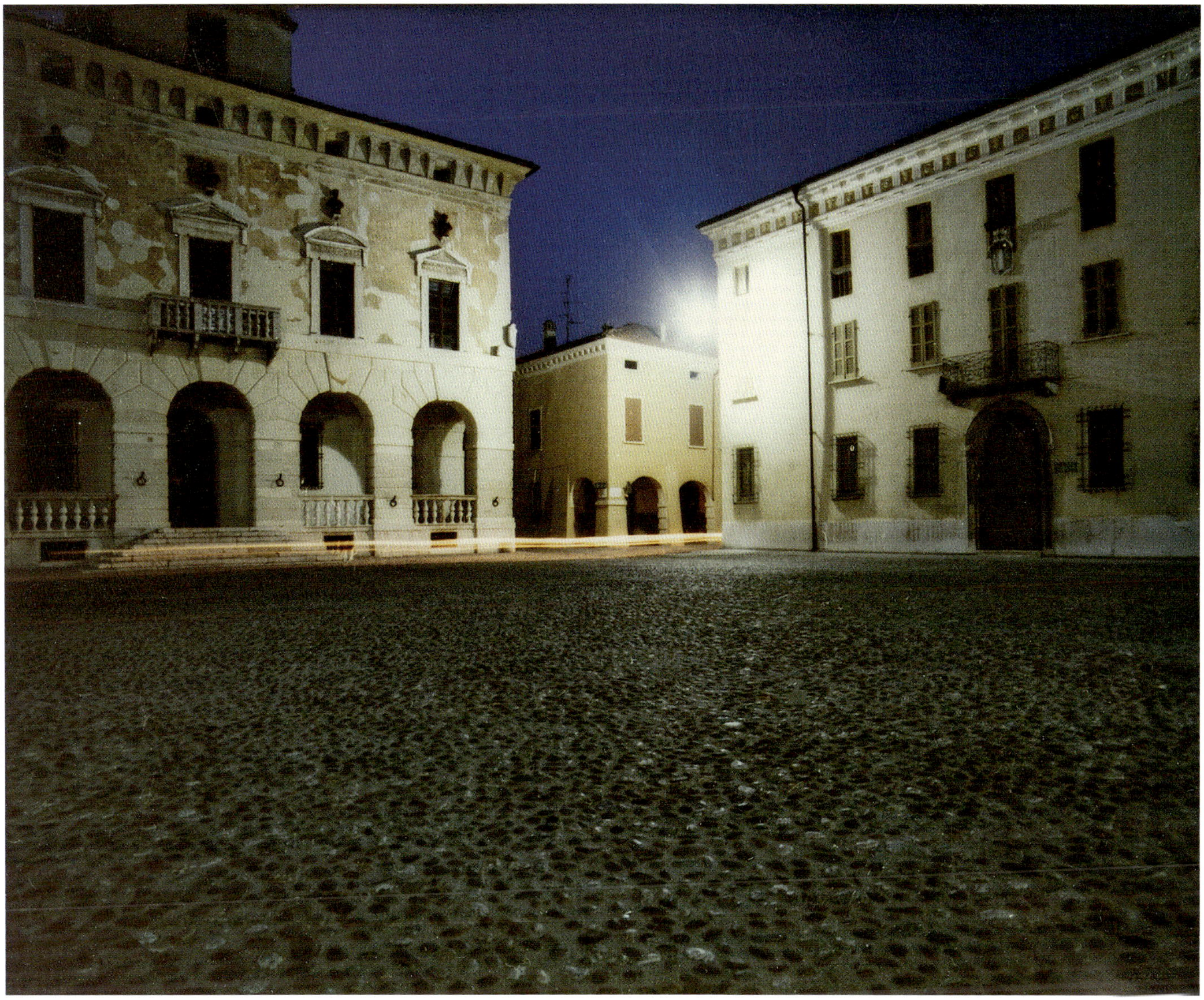

Sabbioneta, 1989

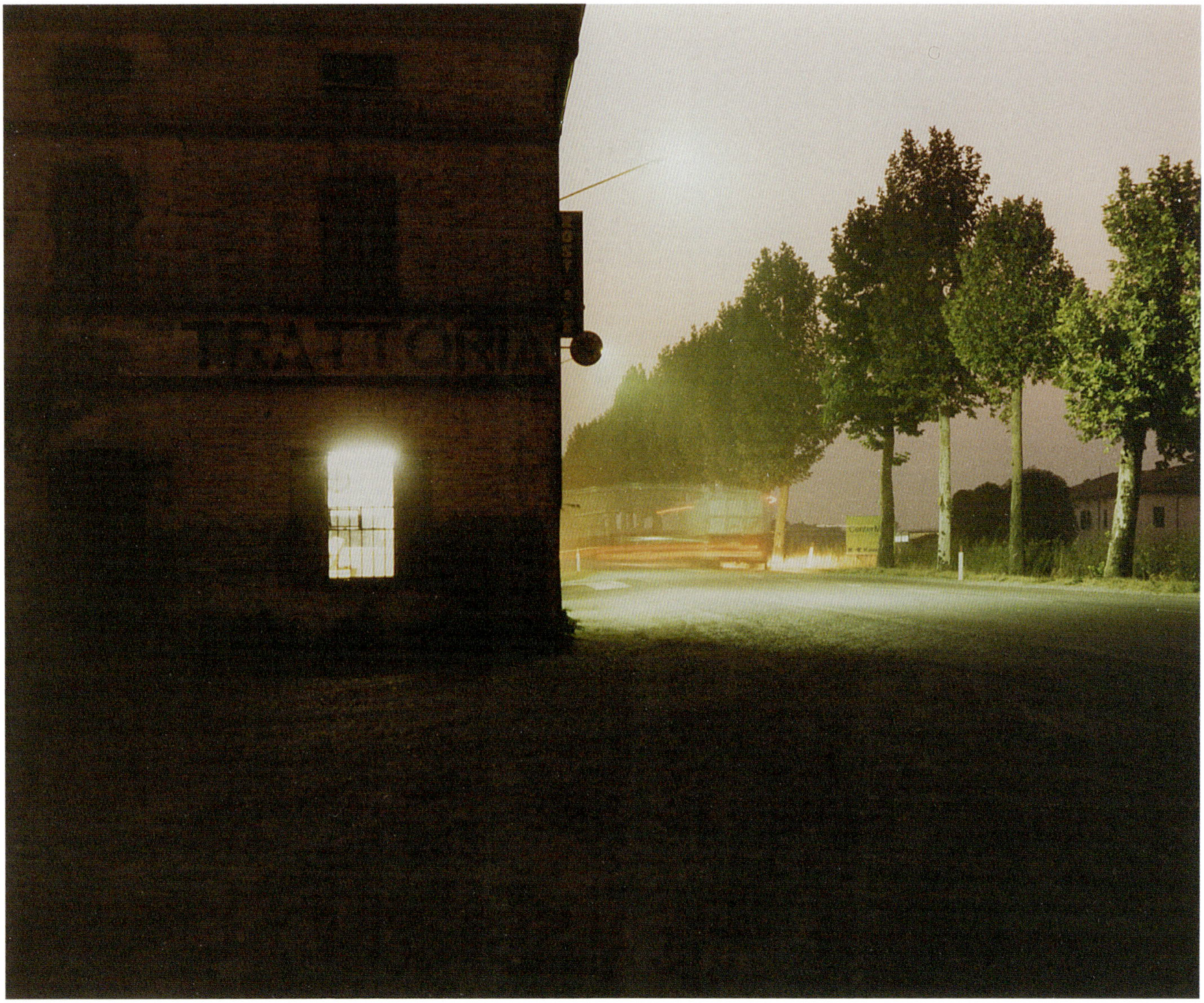

Fidenza, 1985

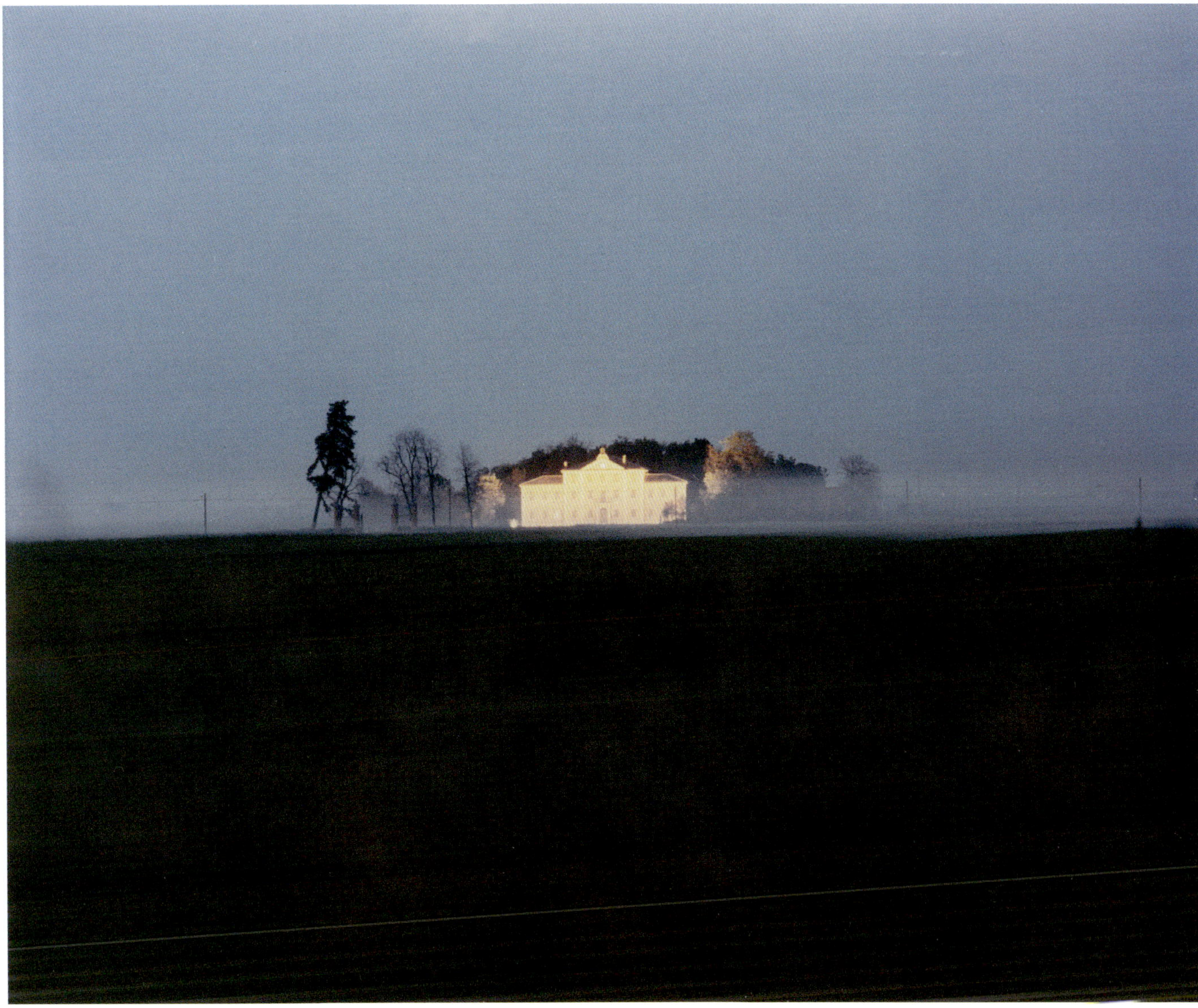

Bologna, 1987

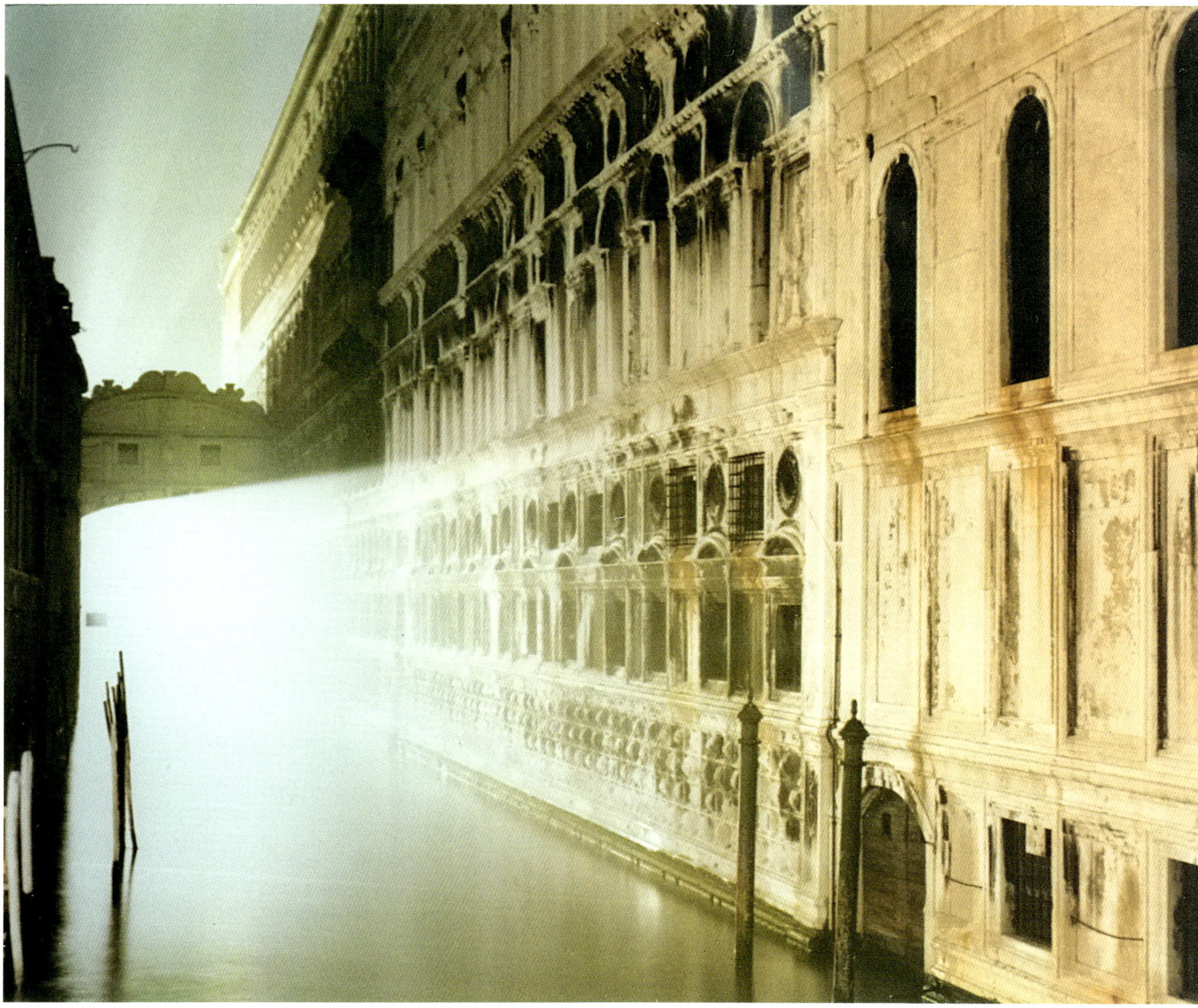

Venezia, 1987

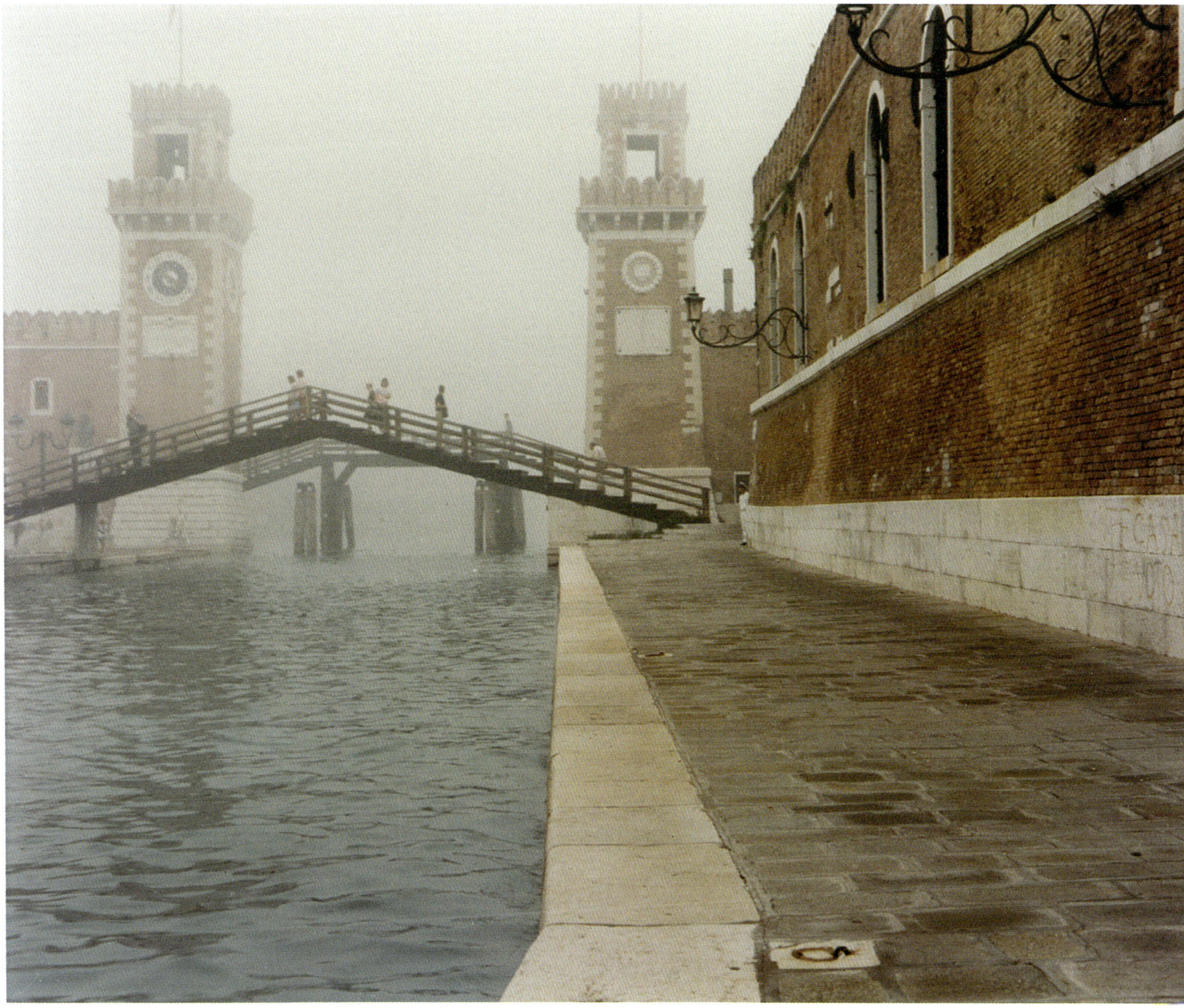

Venezia, 1986

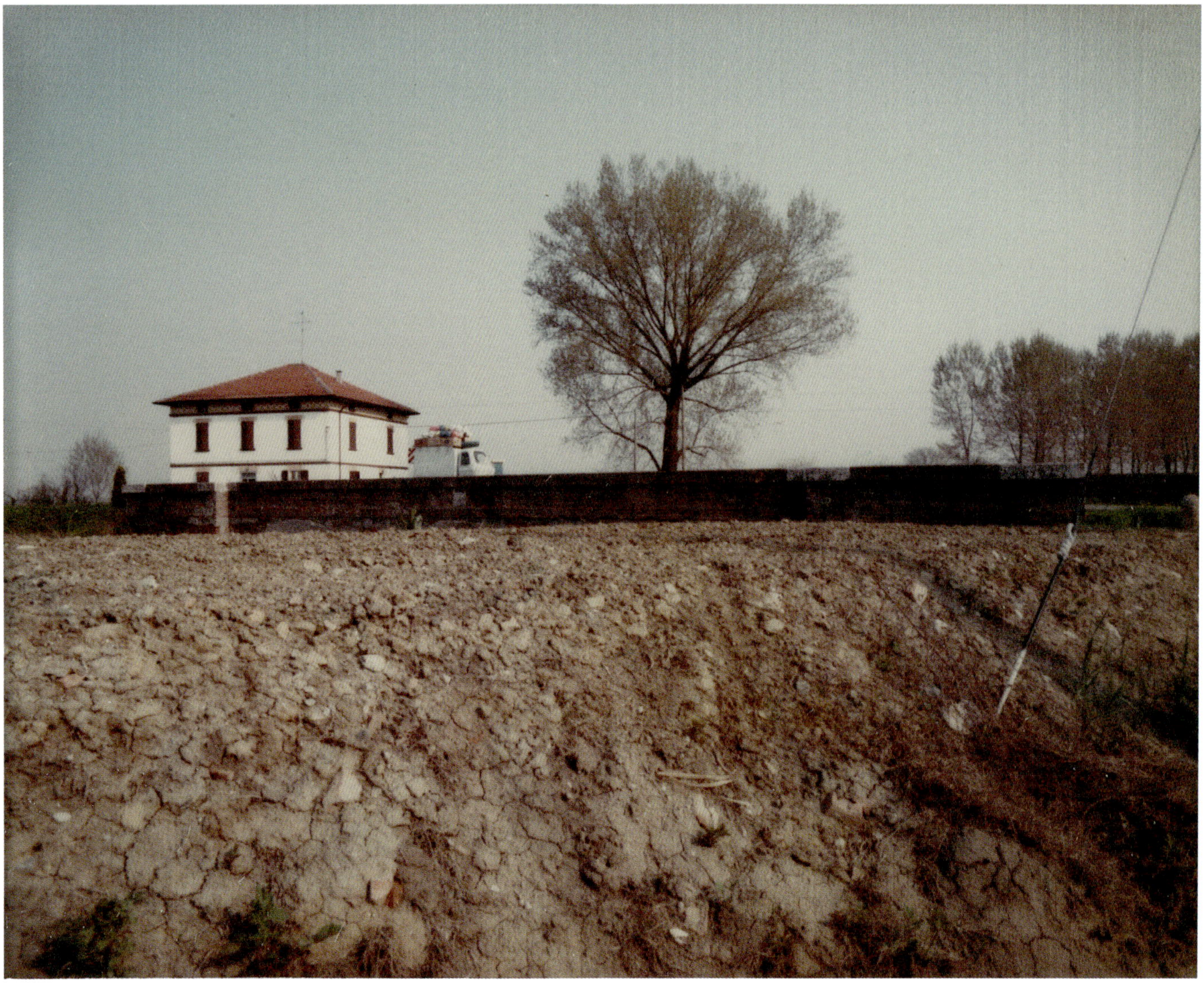

Campagna emiliana, 1985

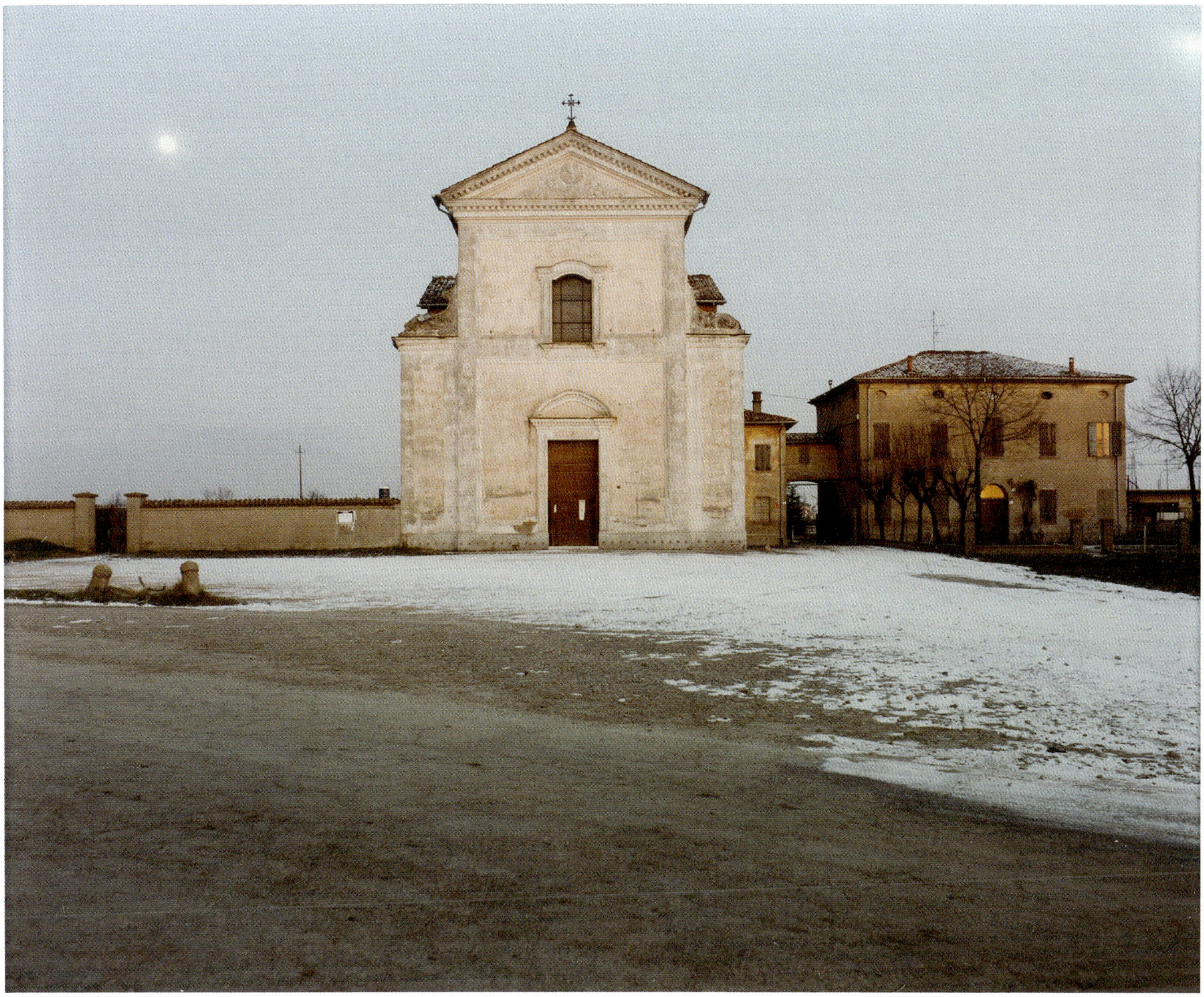

Cittanova di Modena, 1985

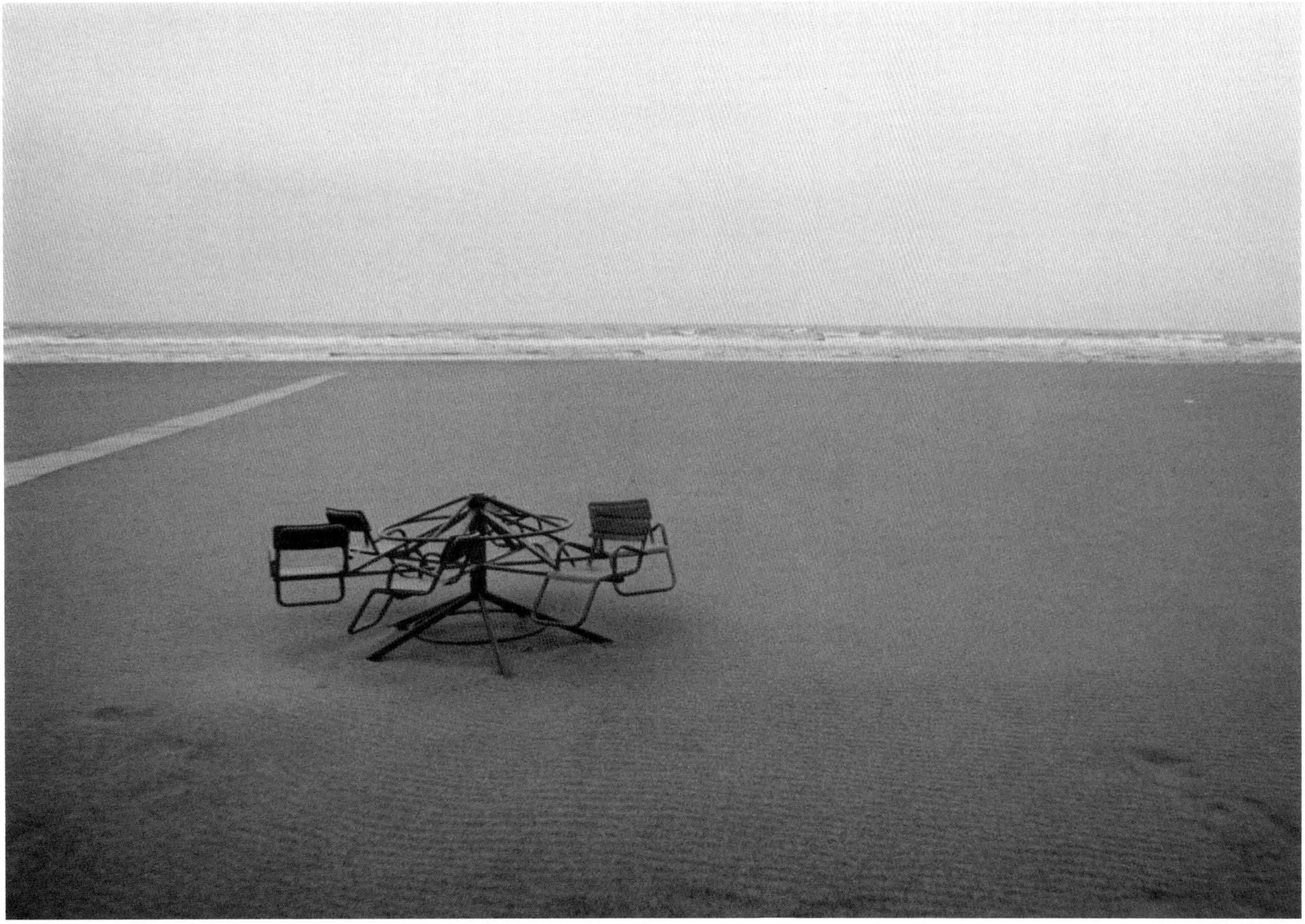

Lido di Spina, 1974

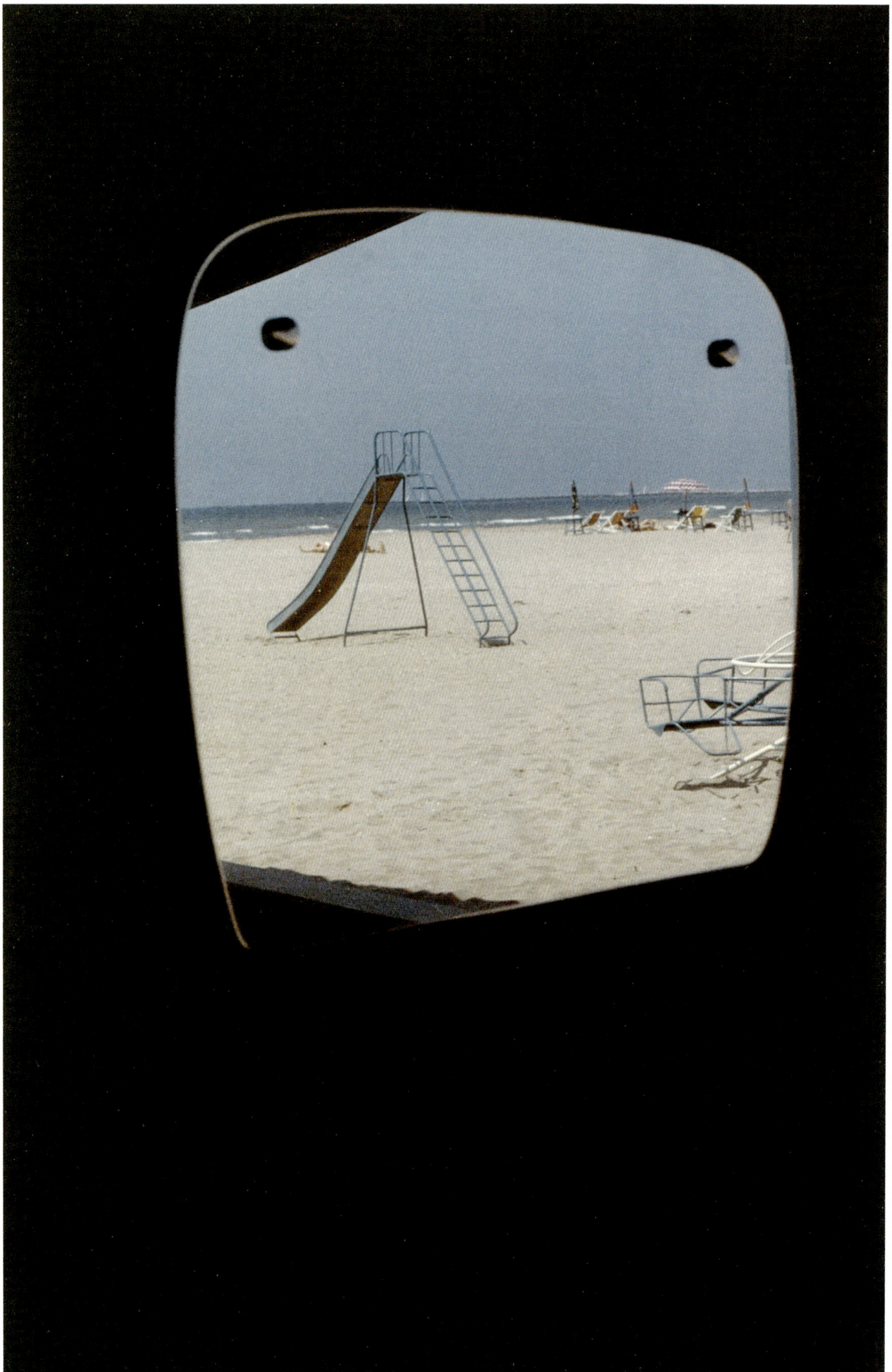

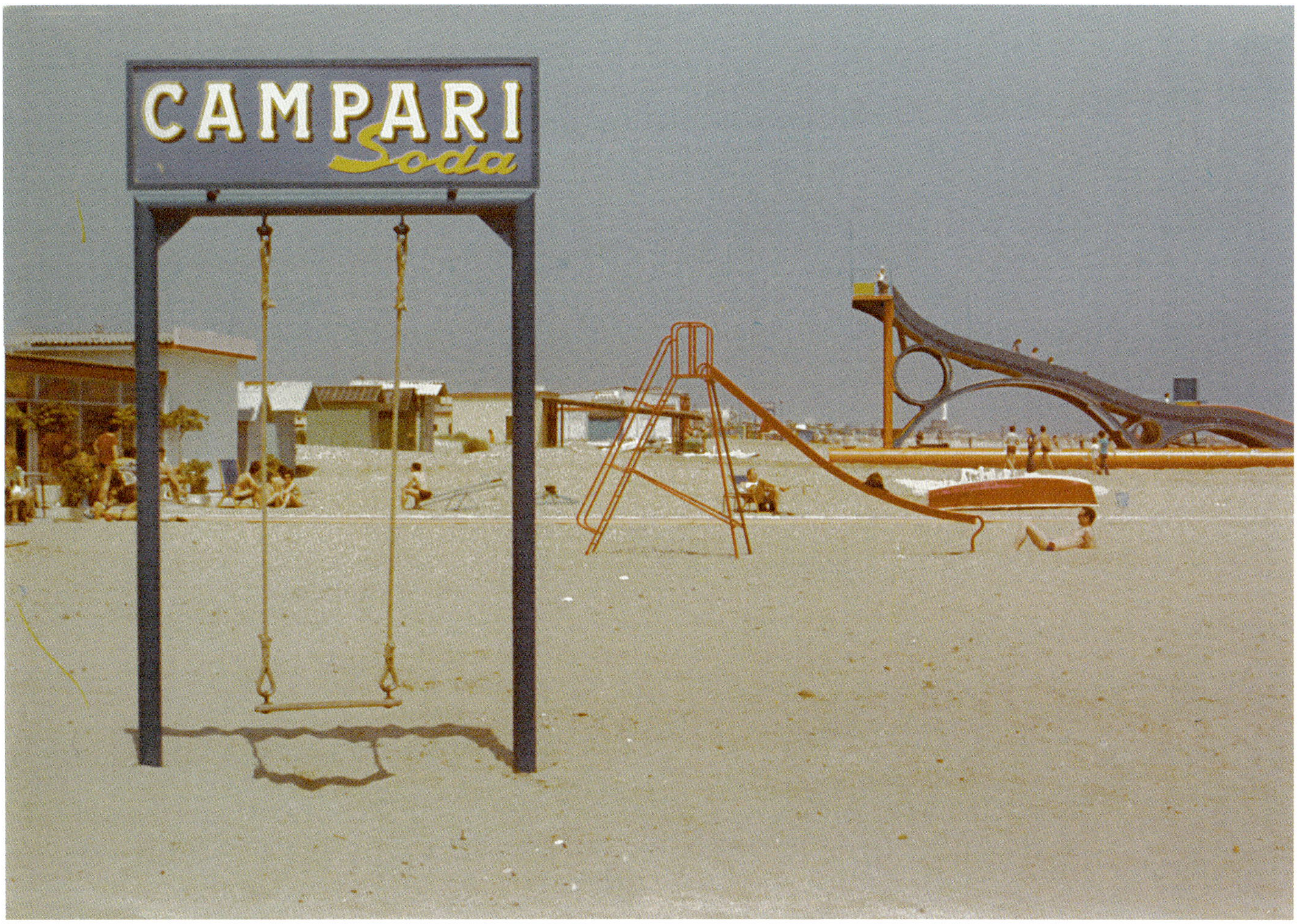

Marina di Ravenna, 1972

Marina di Ravenna, 1972

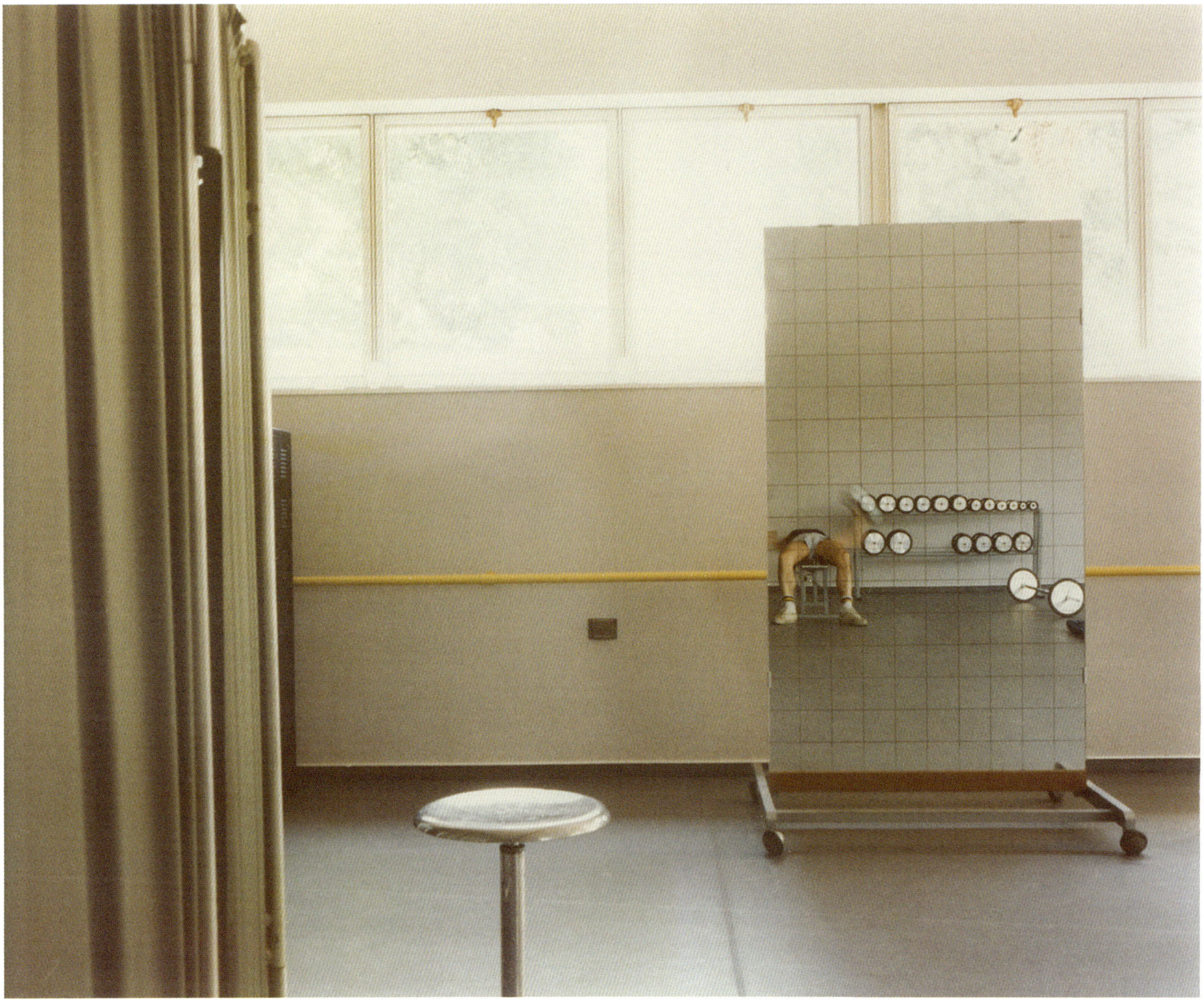

Monticelli, 1987

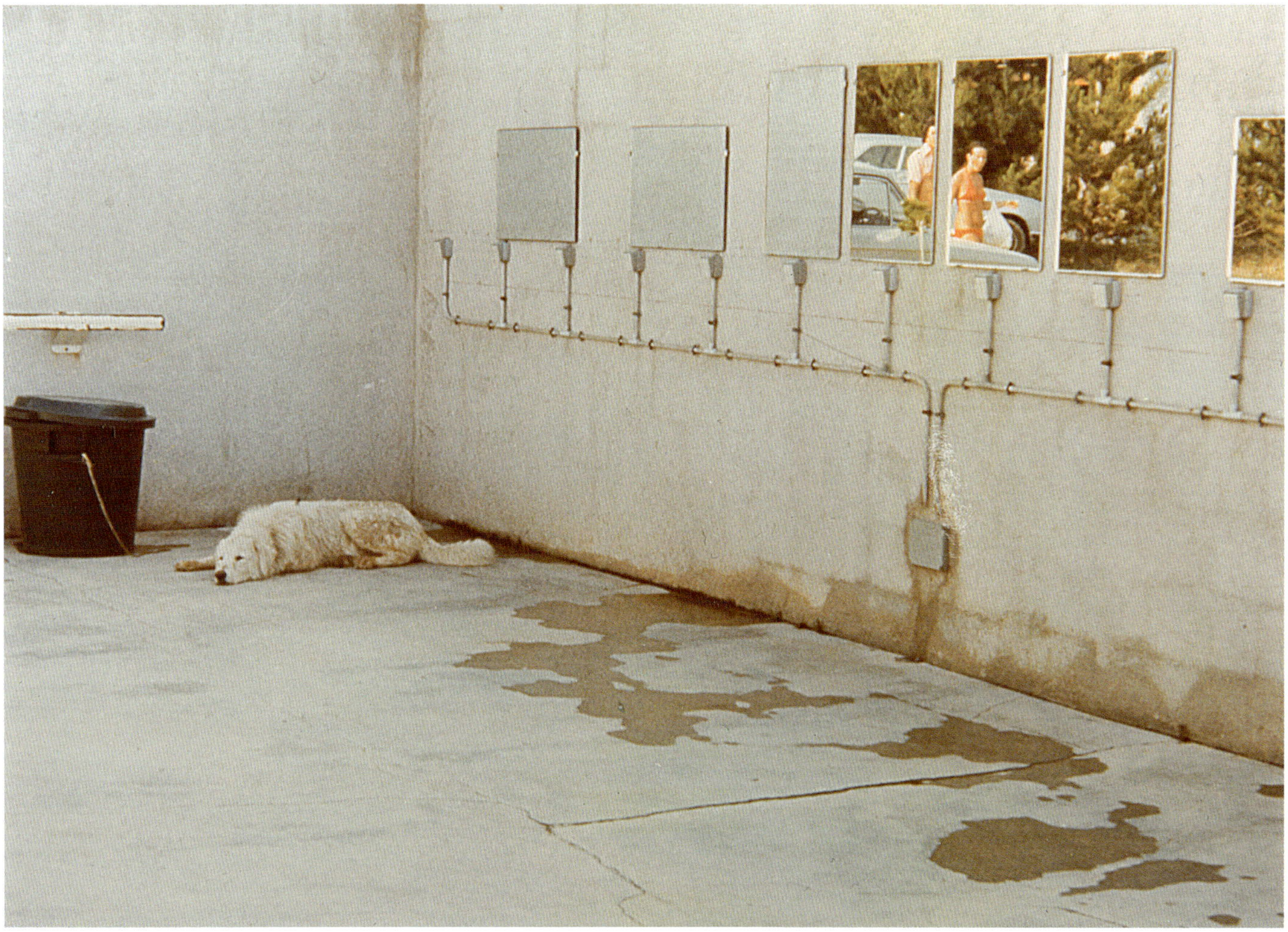

Ile Rousse, 1976

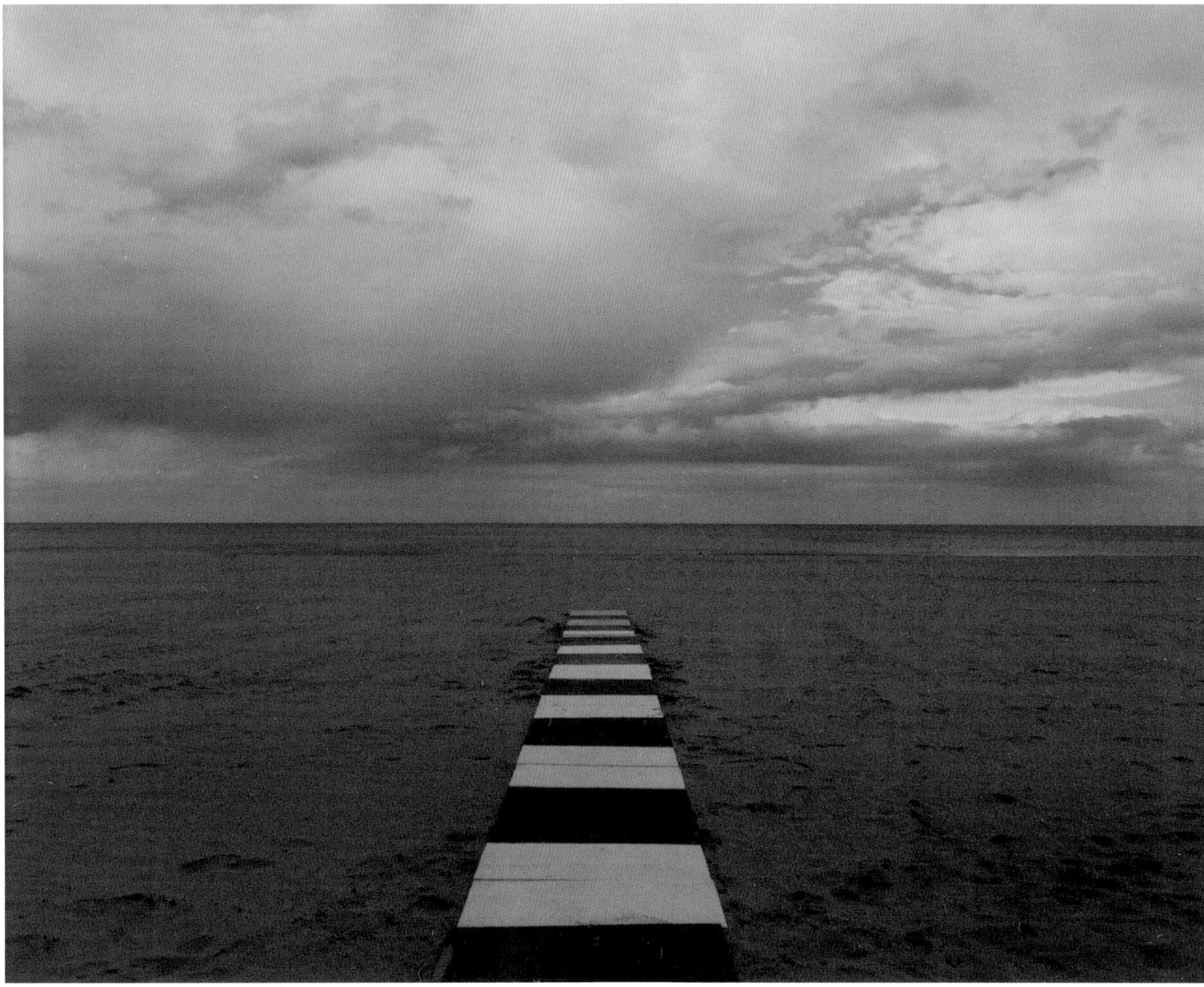

Cervia, 1989

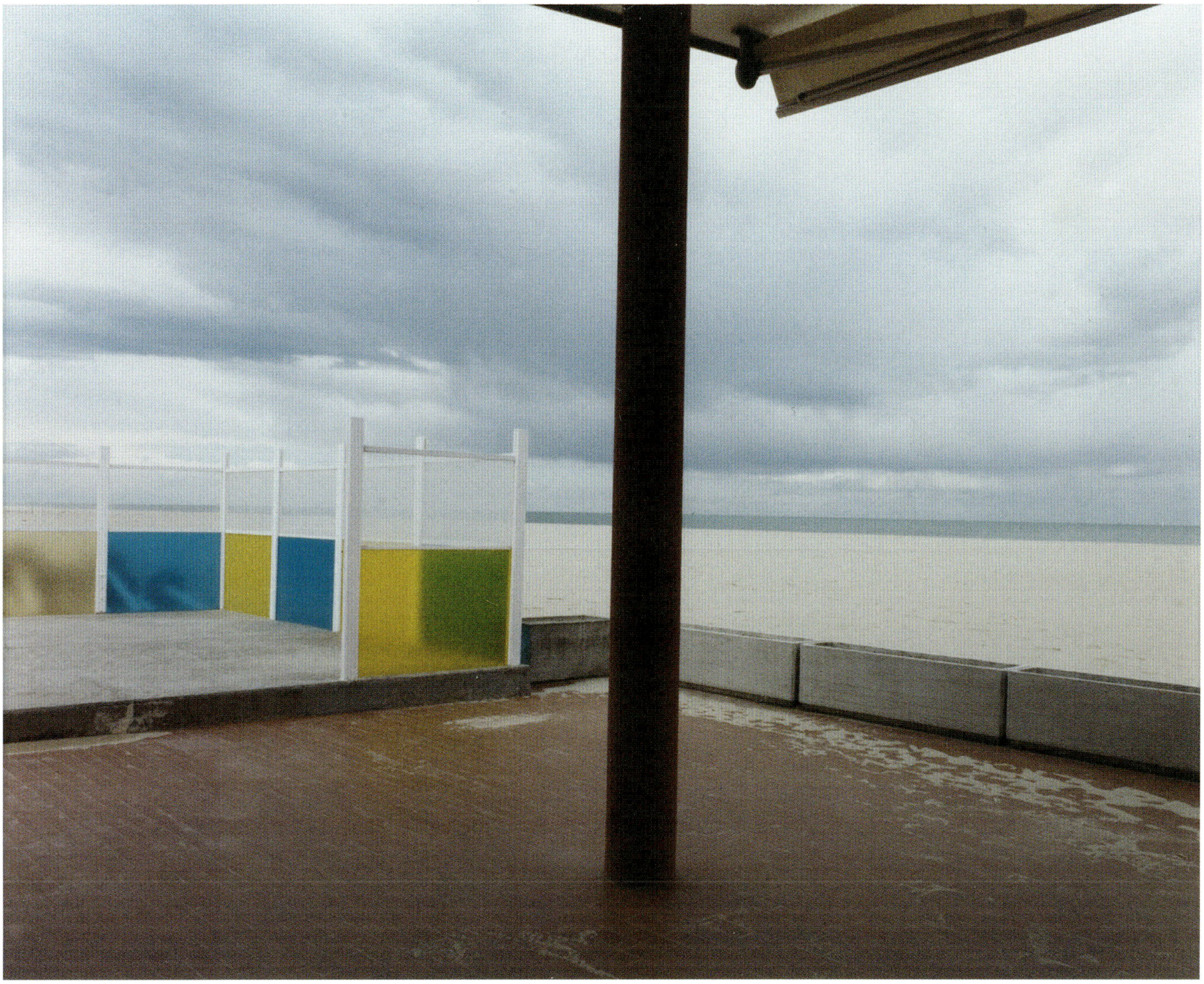

Cervia, 1989

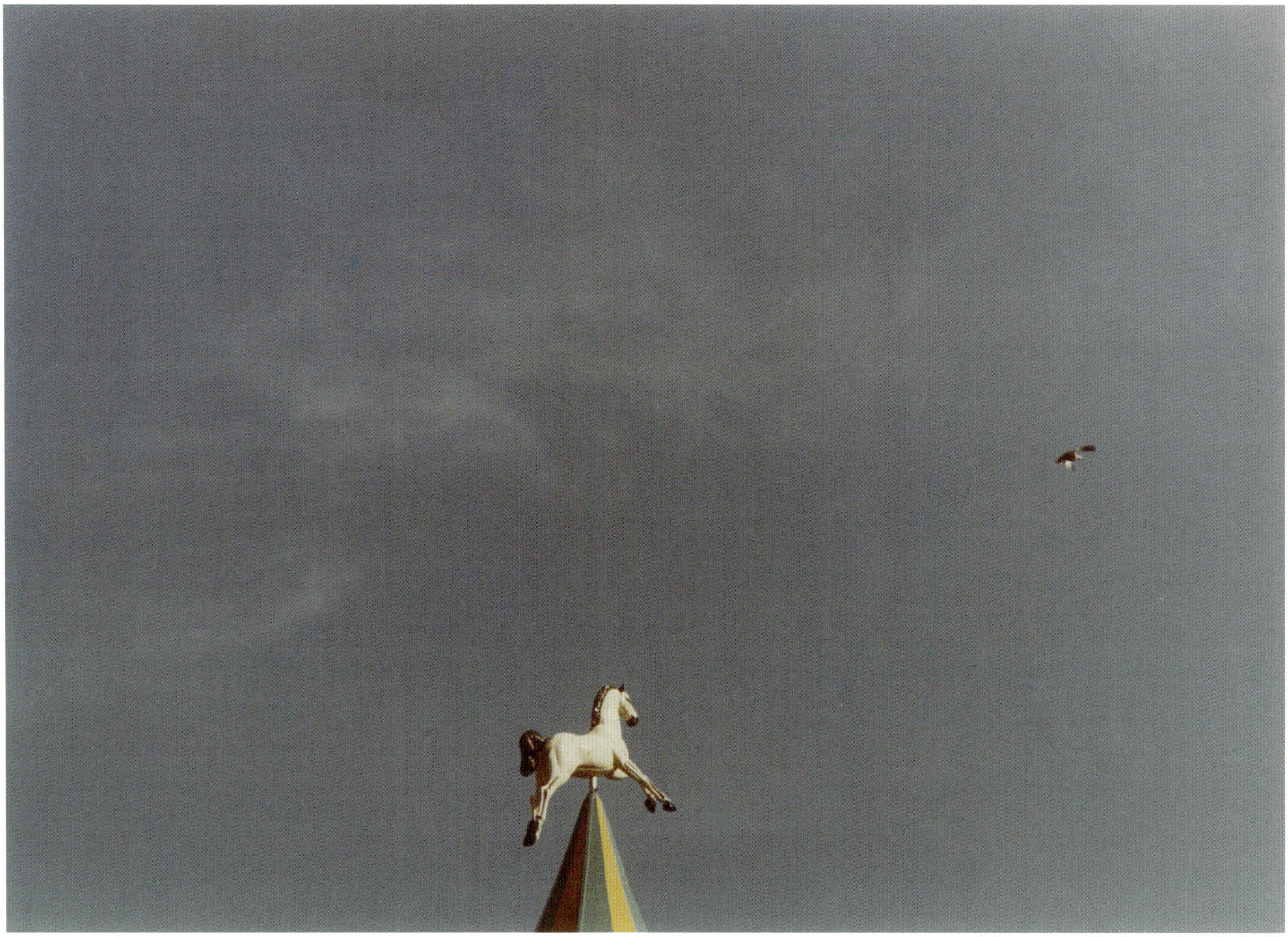

Modena, 1974

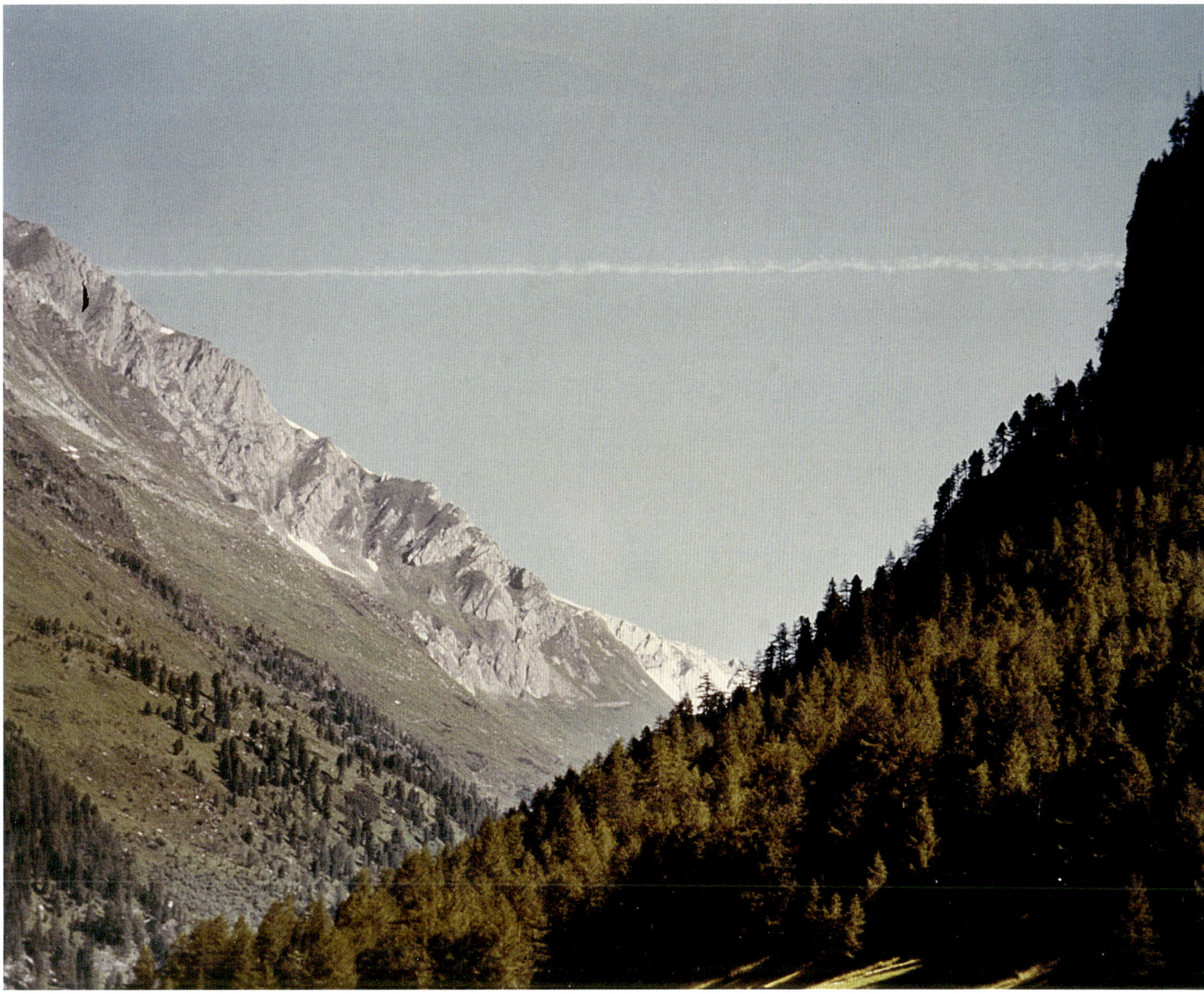

Riva di Tures, 1977

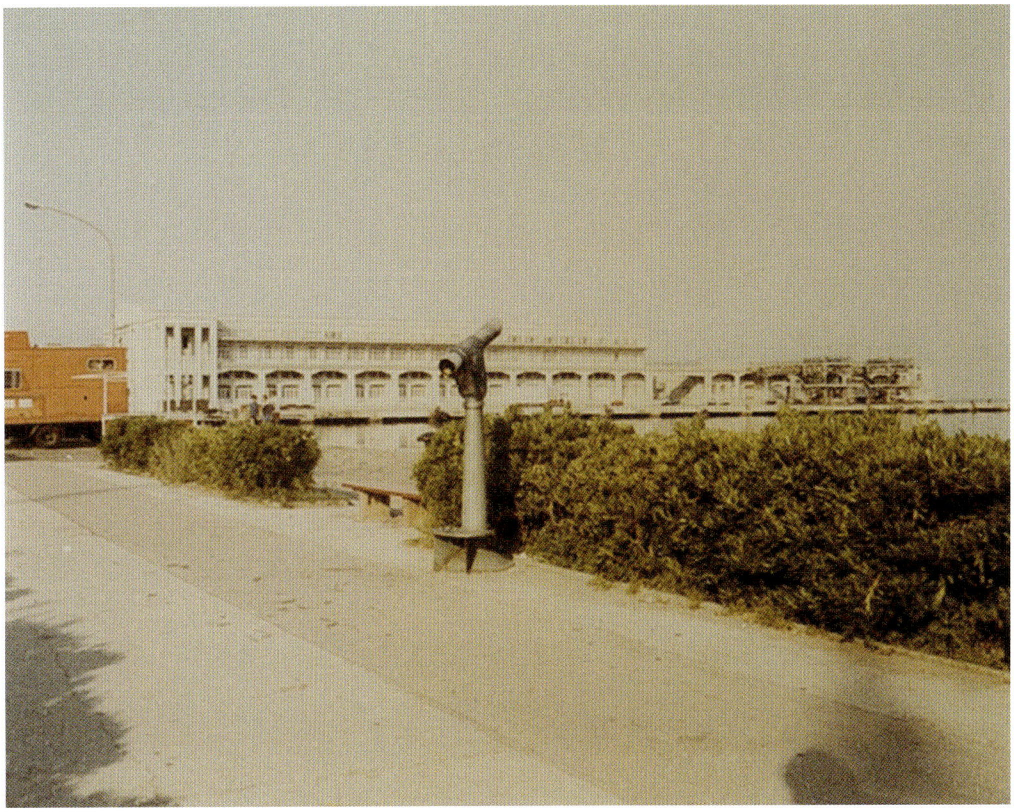

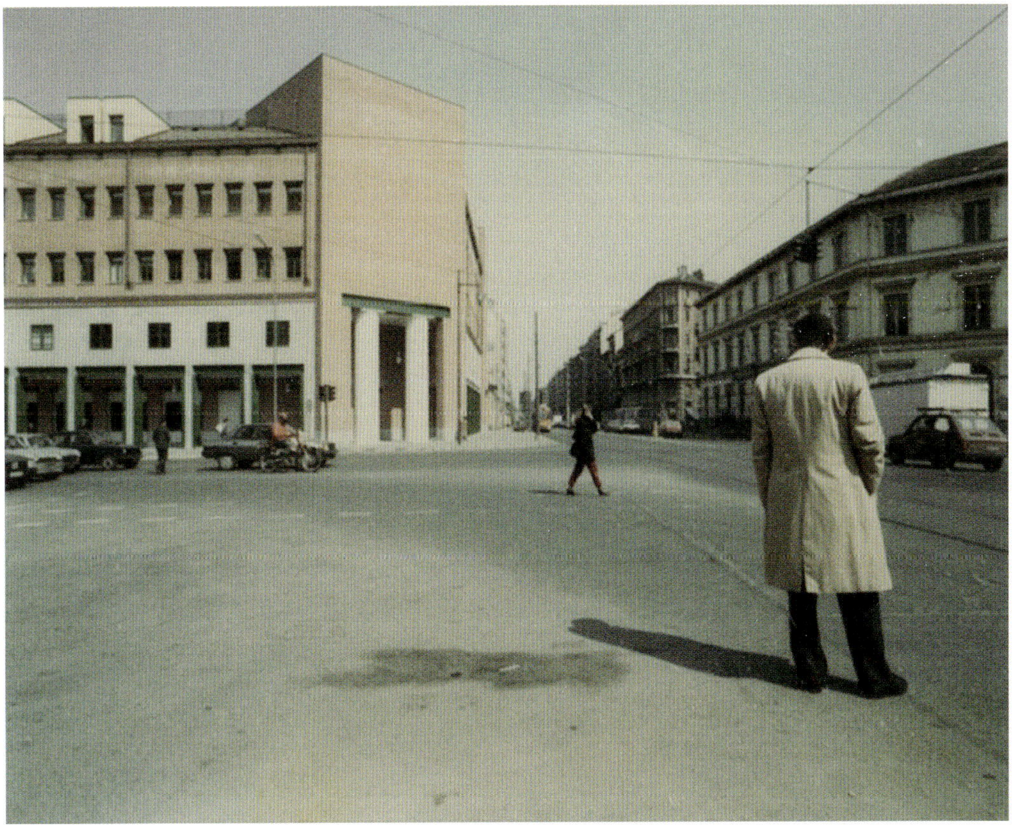

Trieste, 1986

Torino – Sede GFT, 1987

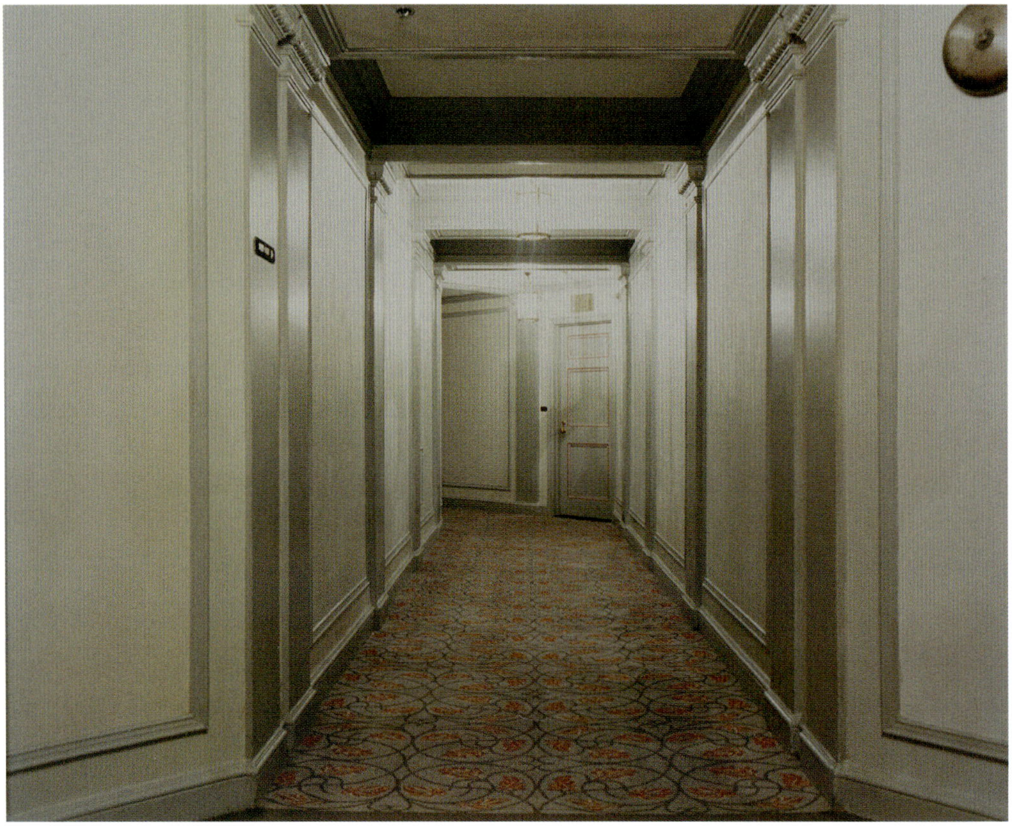

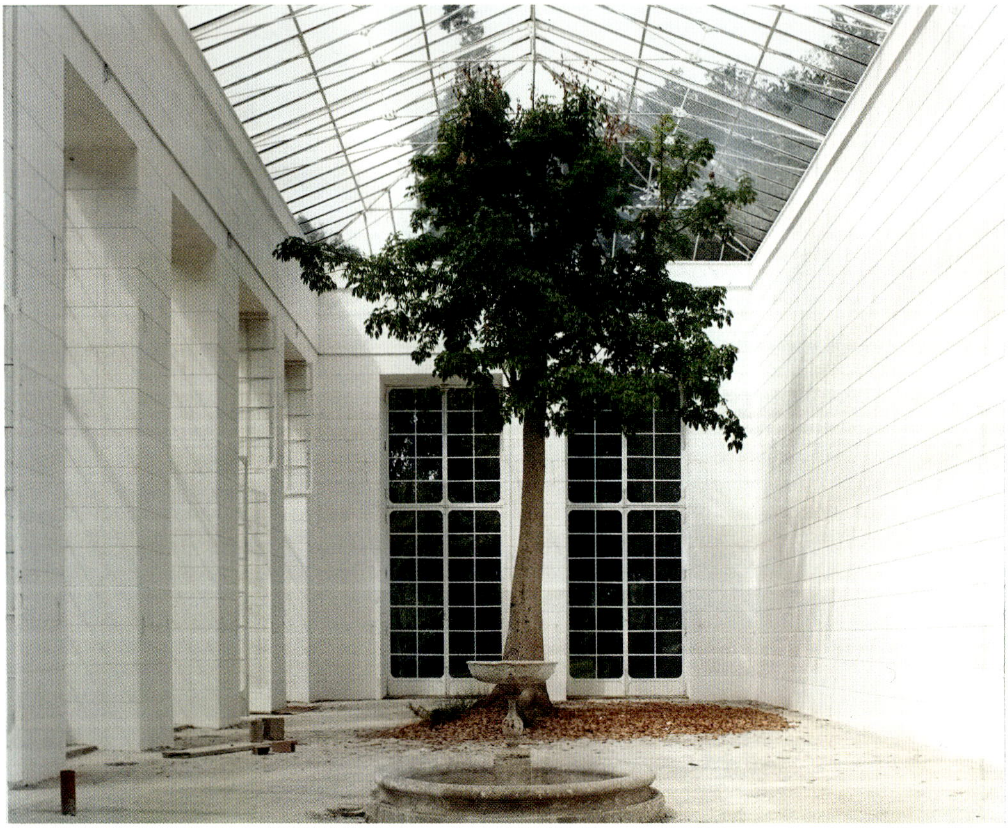

New York – Mayflower Hotel, 1986

Caserta, 1987

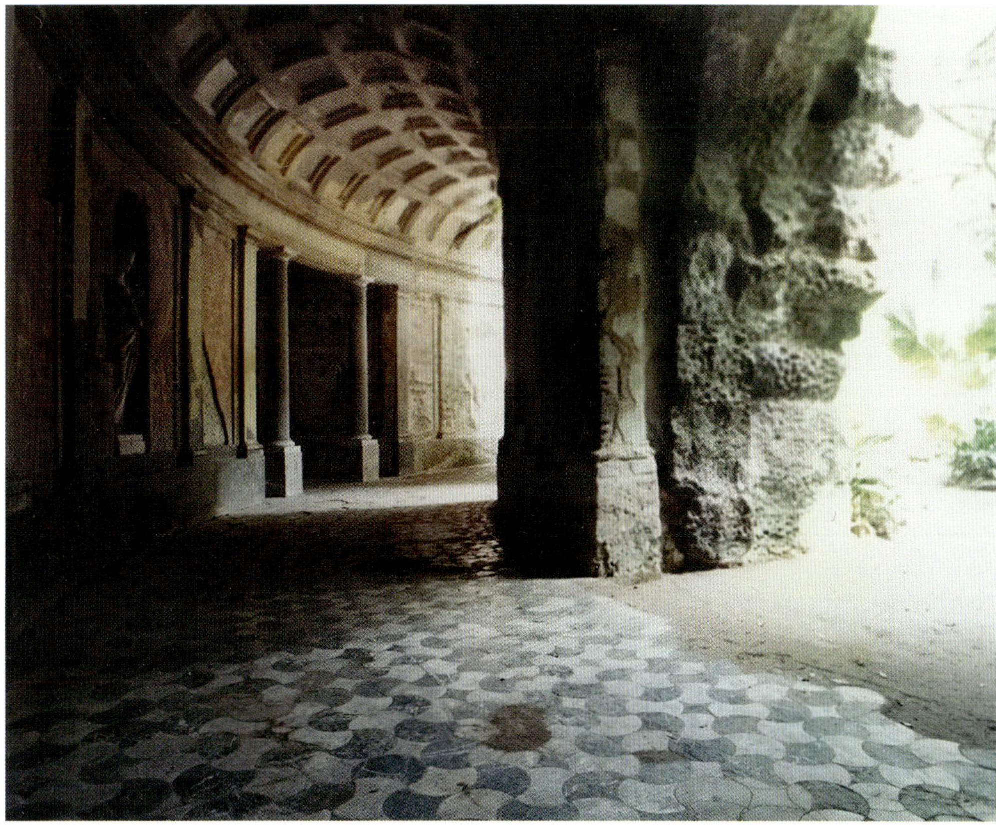

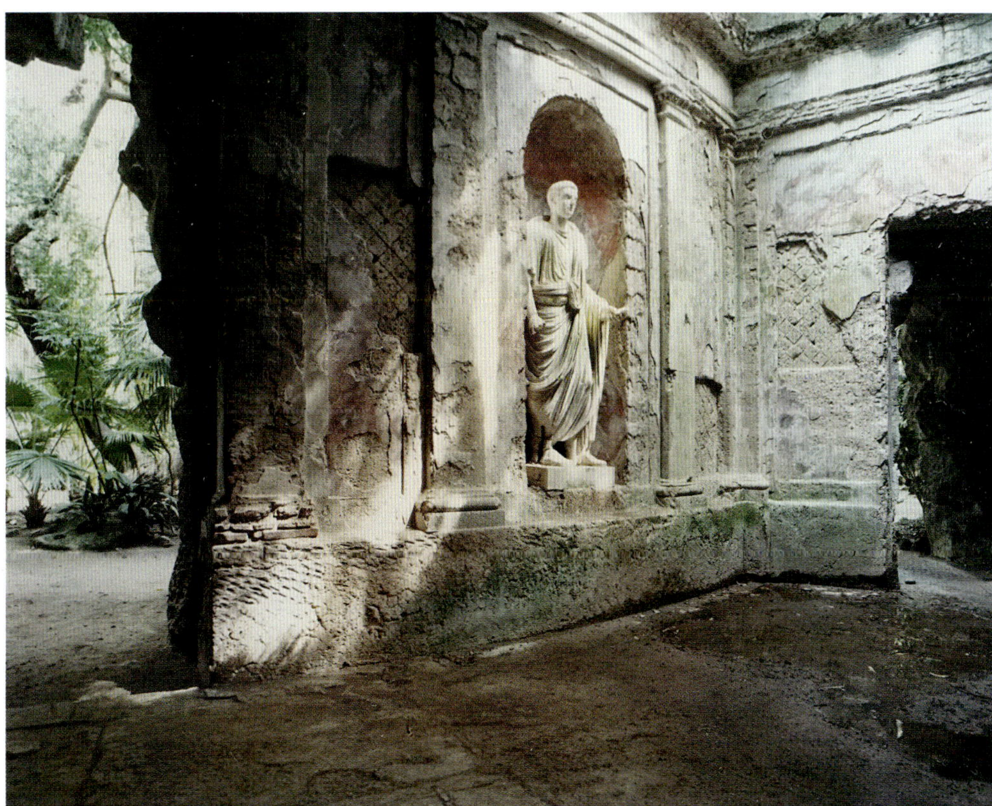

Caserta, 1987

Caserta, 1987

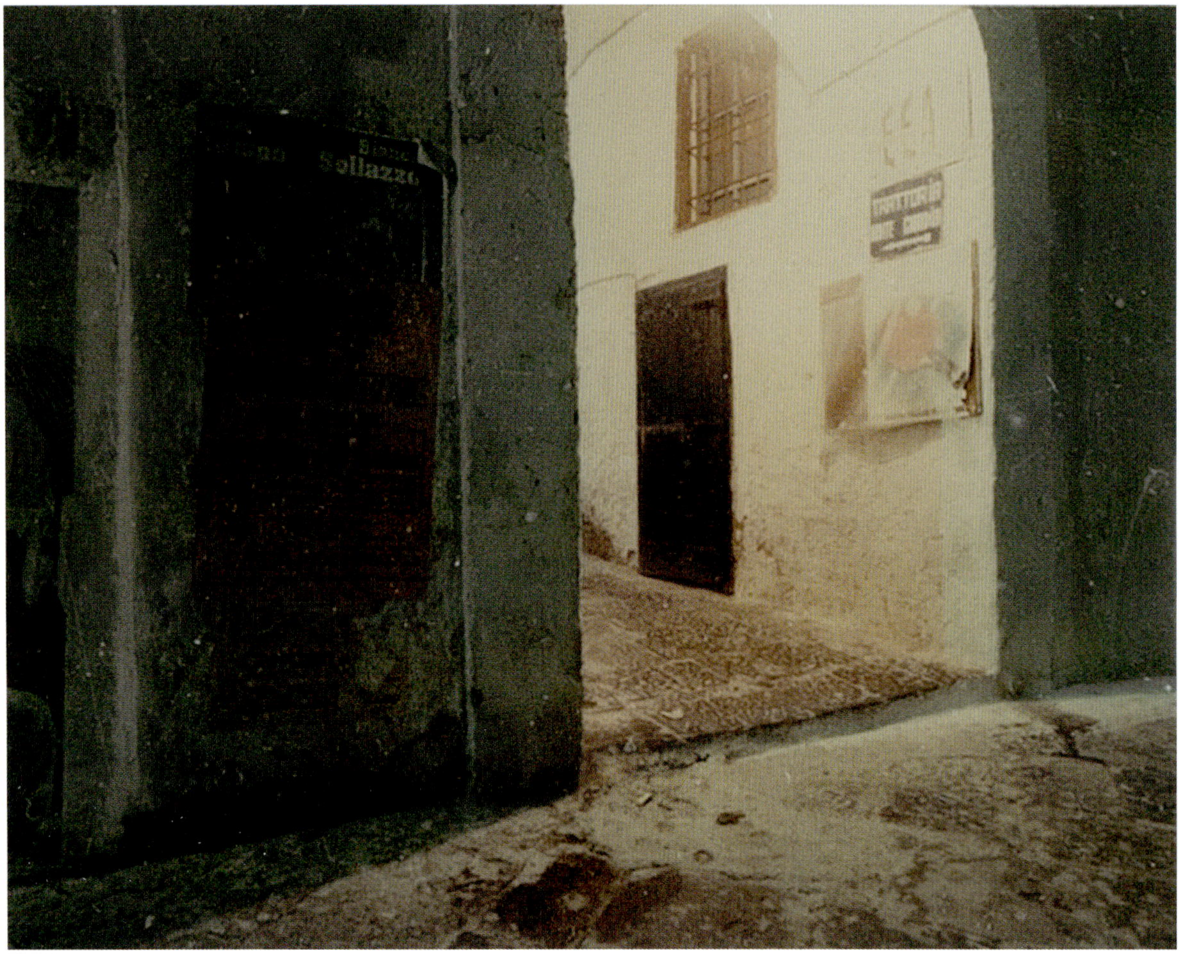

Ponza, 1986

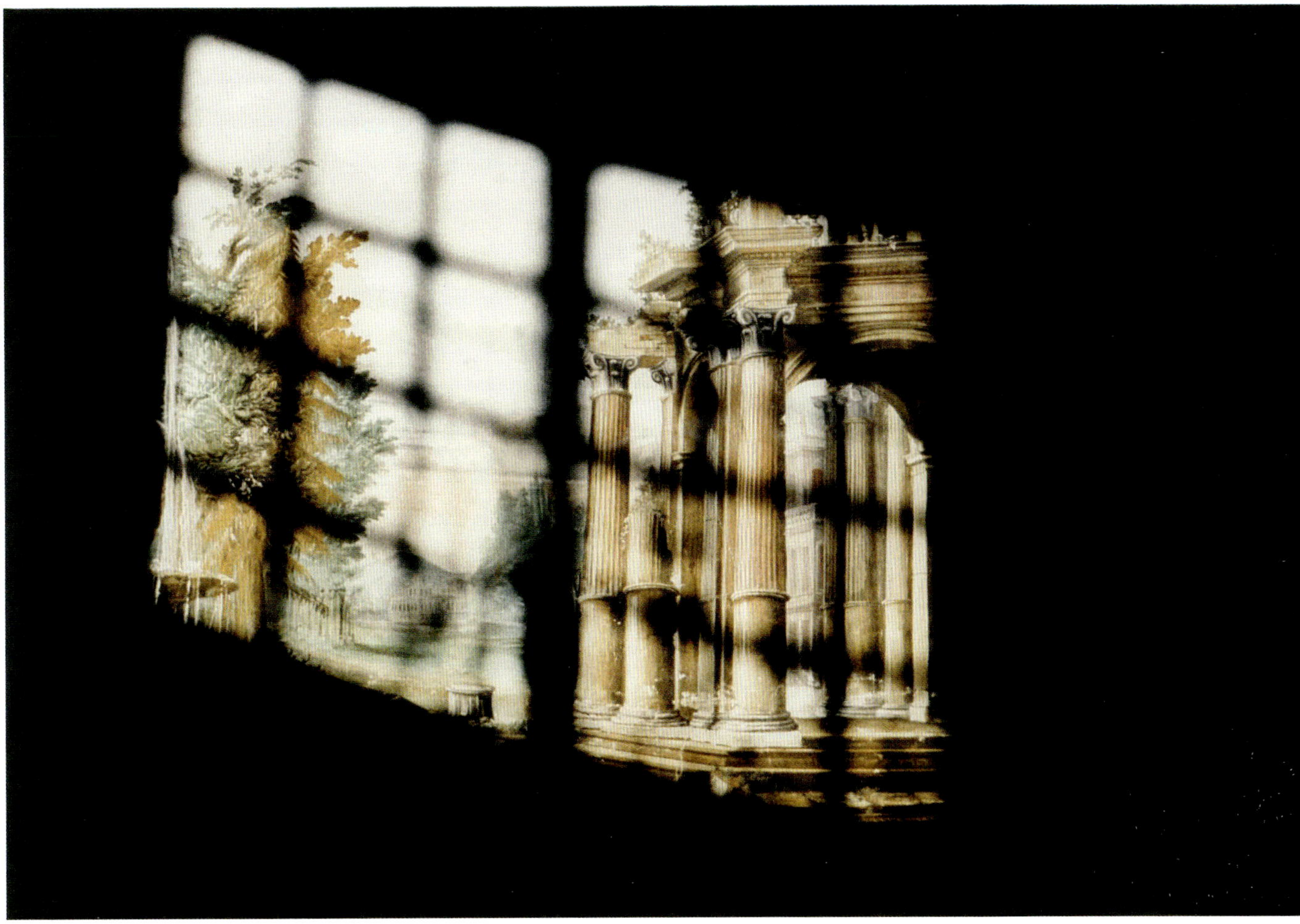

Castelfranco Emilia, 1975

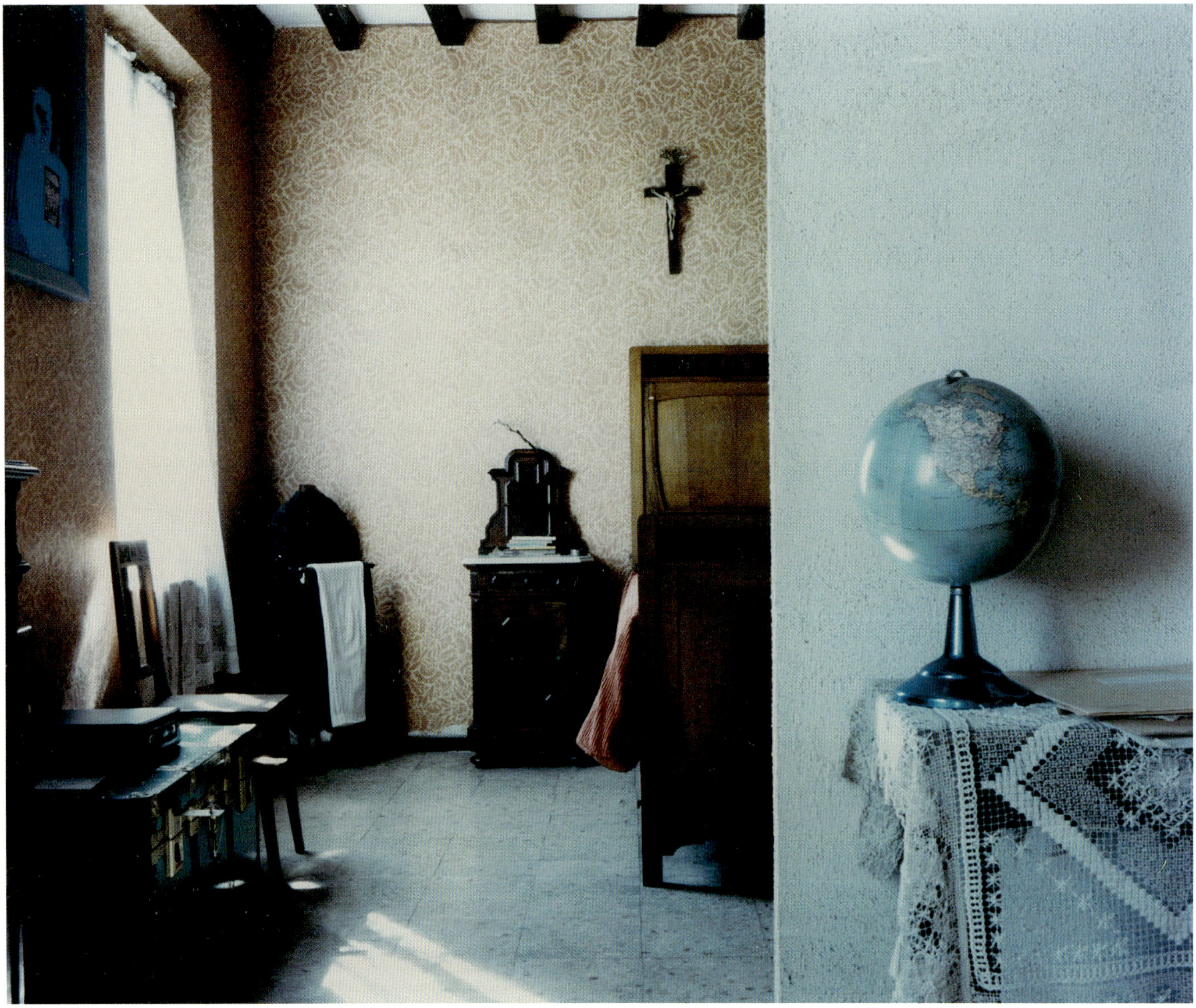

Masone Reggio Emilia, 1985

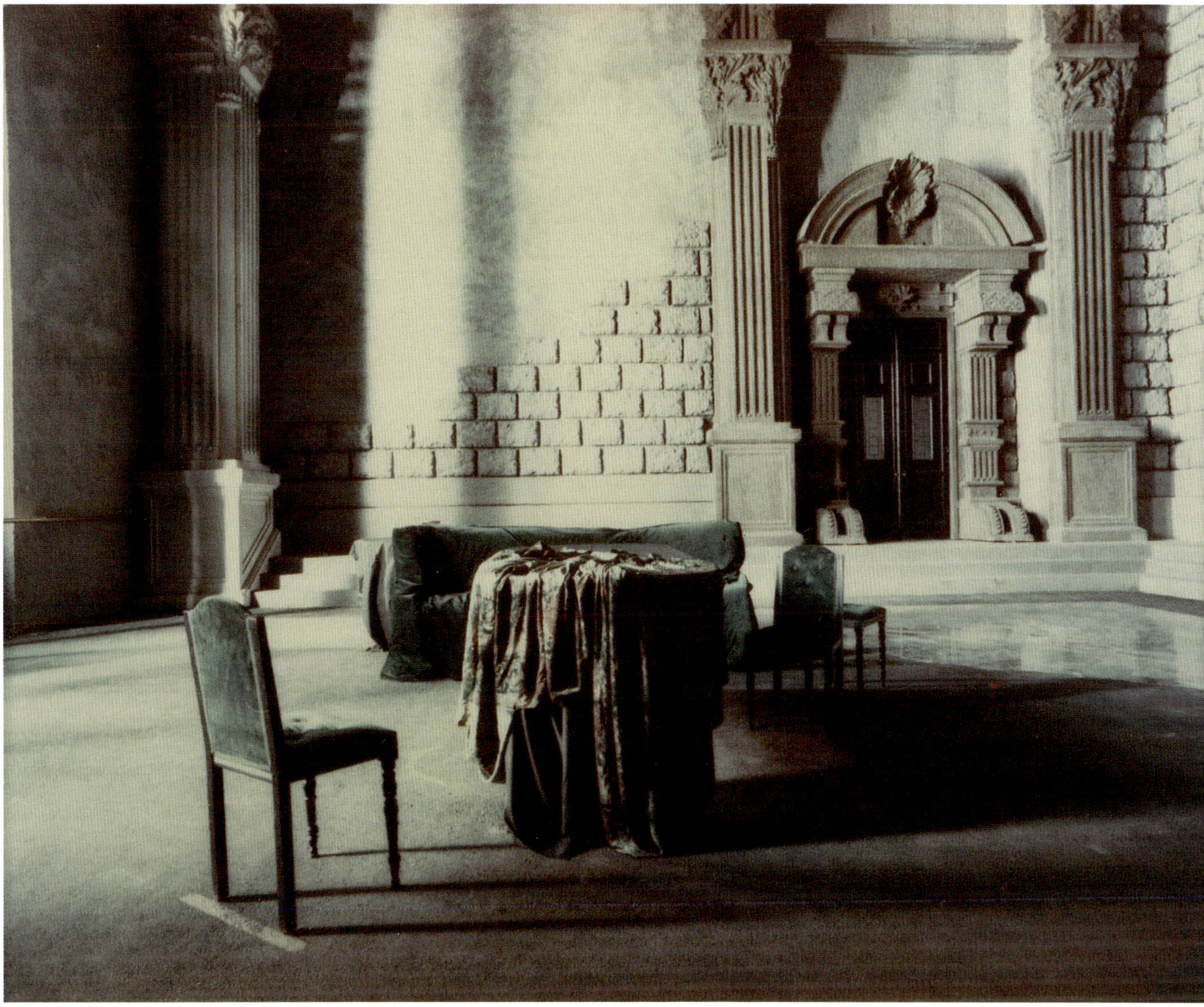

Prato – Teatro Metastasio, 1986

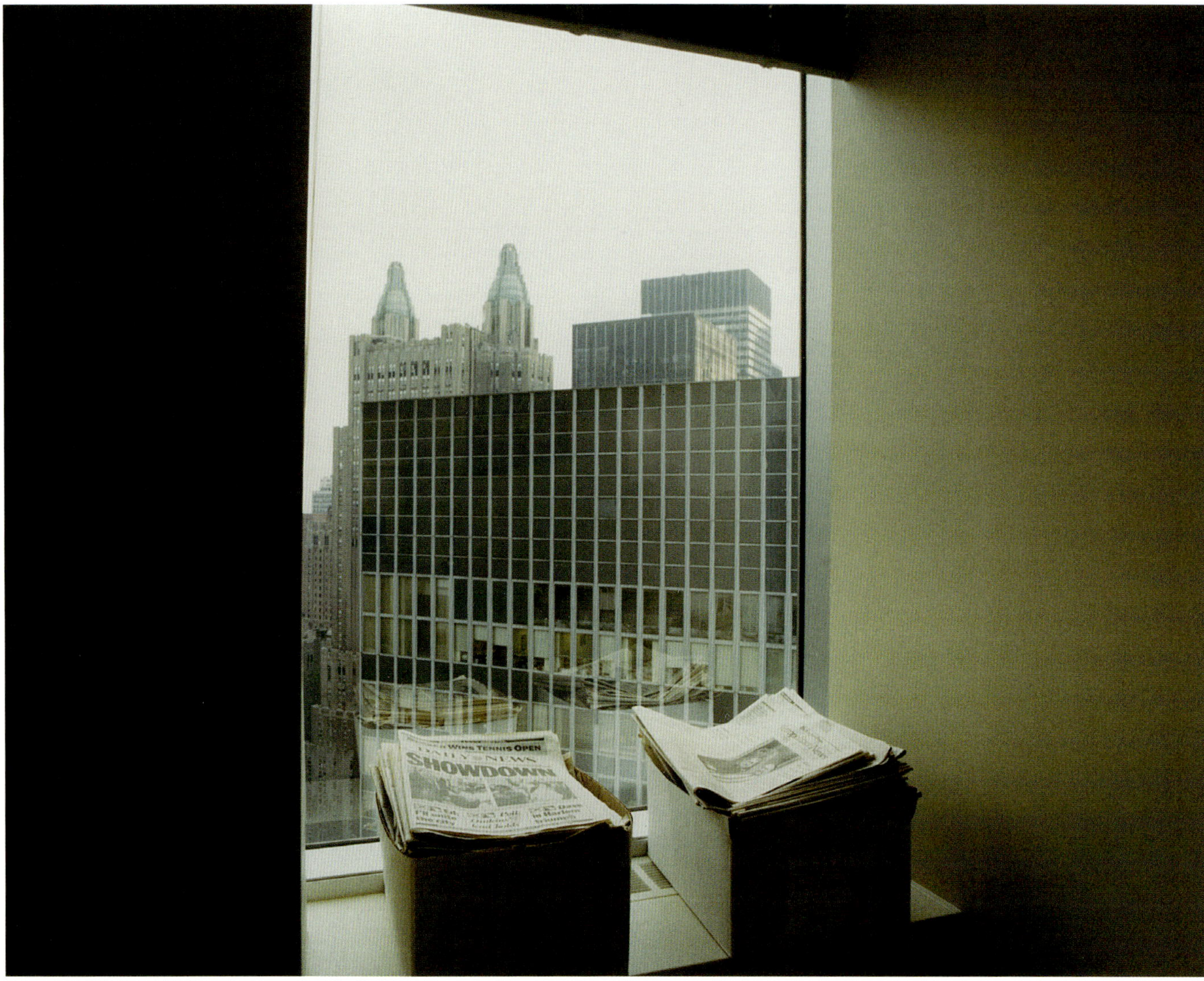

New York, 1989

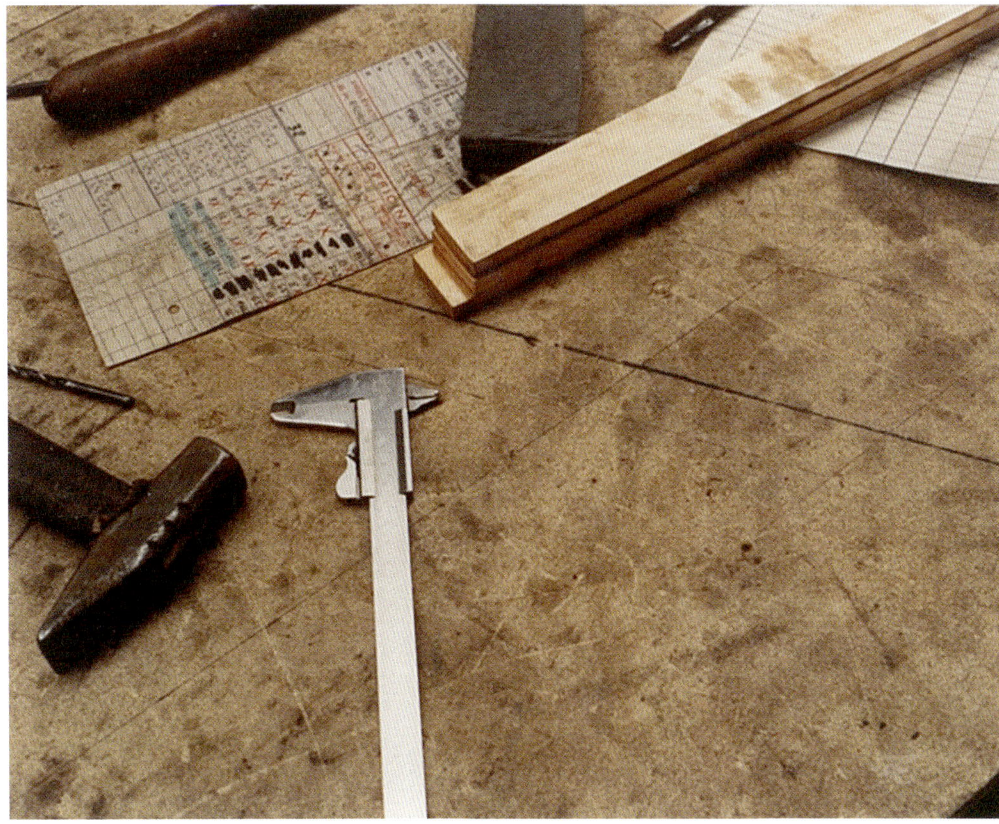

New York – Gioielleria Bulgari, 1988

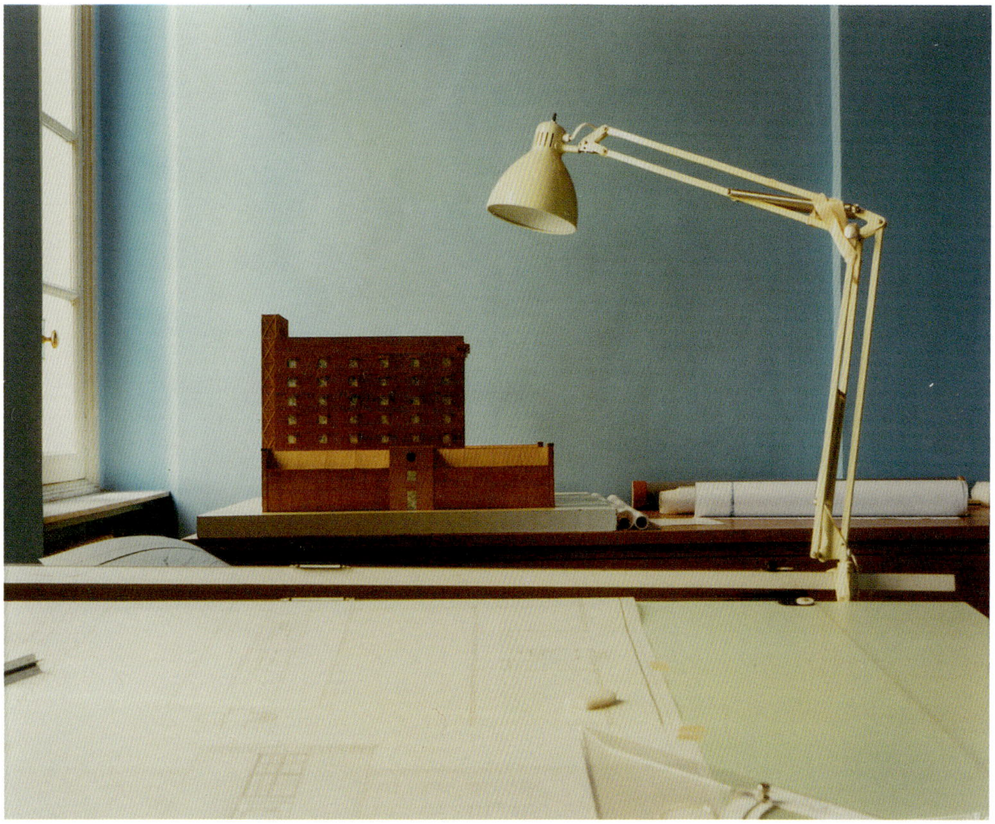

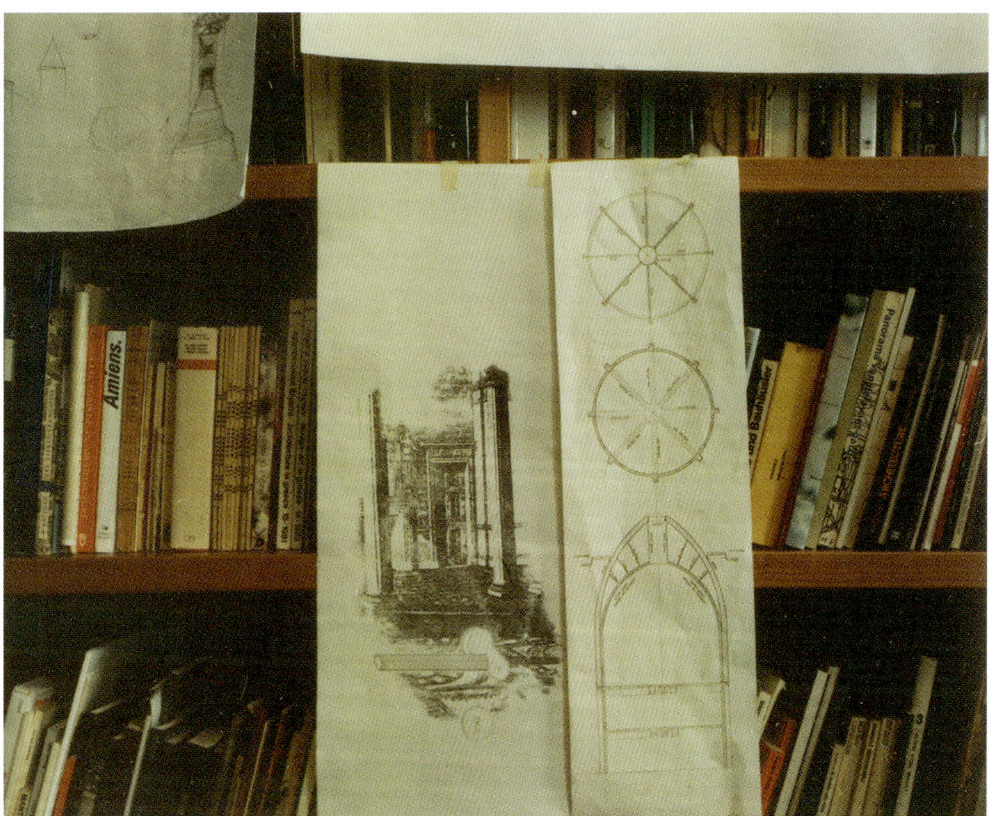

Milano, 1989-1990

Milano, 1989-1990

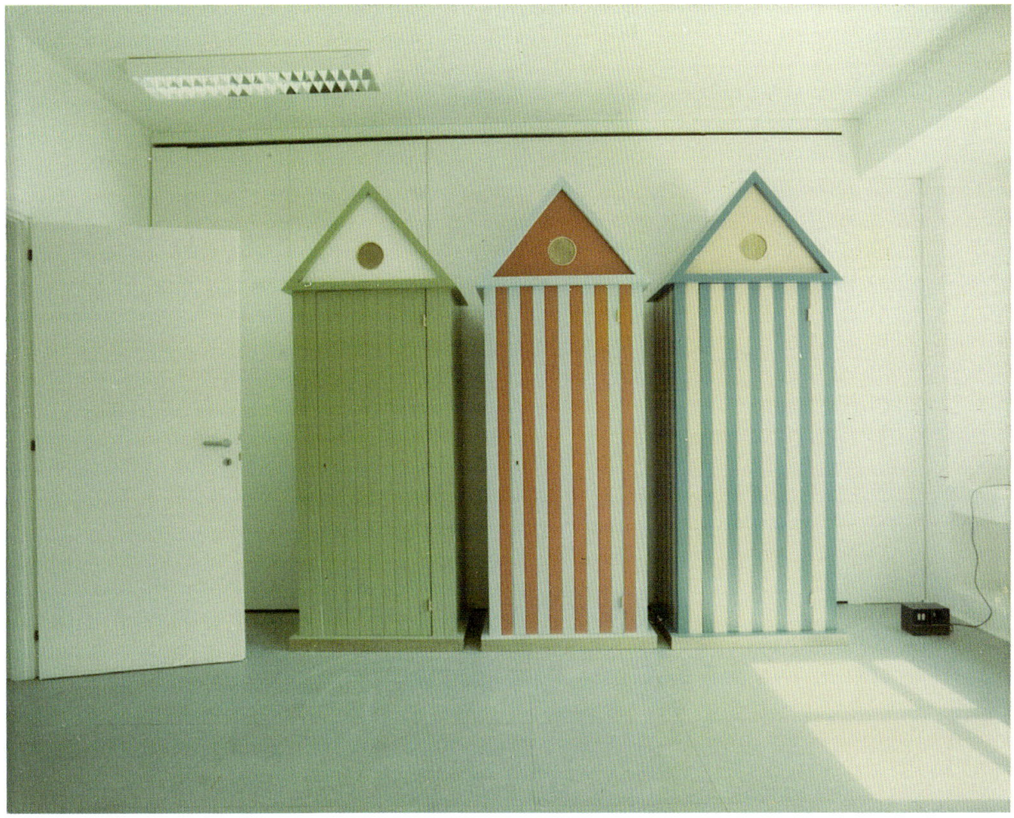

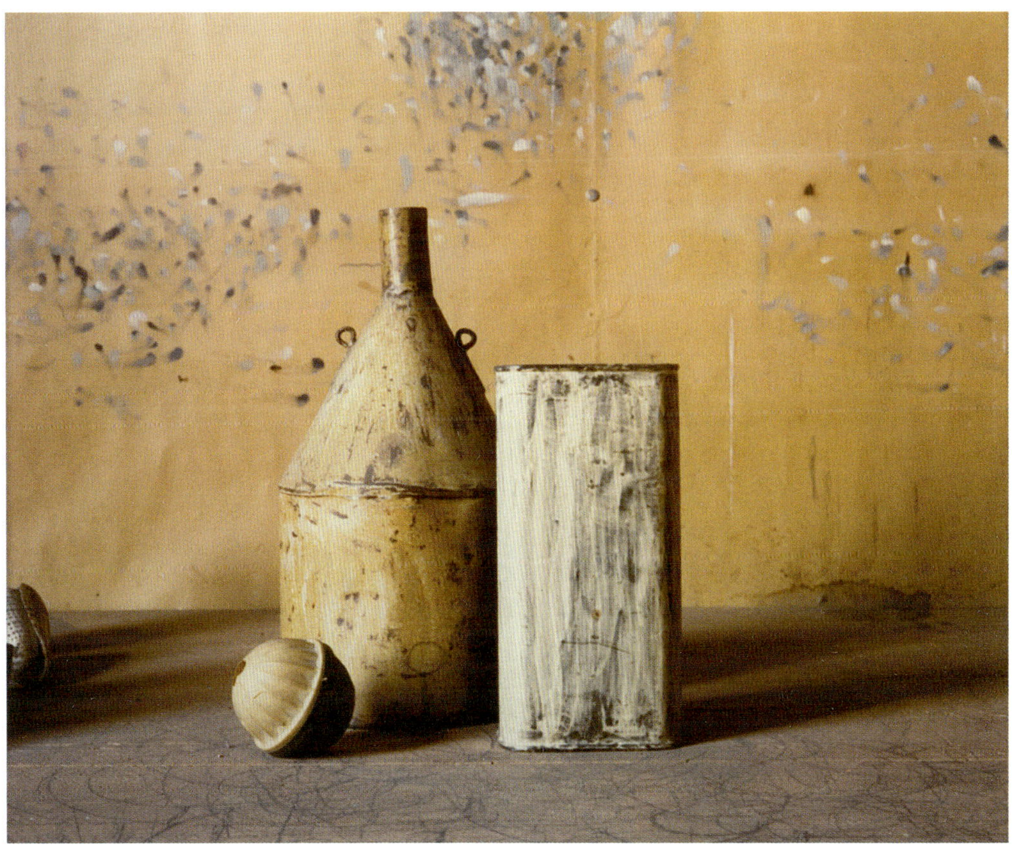

Torino, 1987

Bologna, 1989-1990

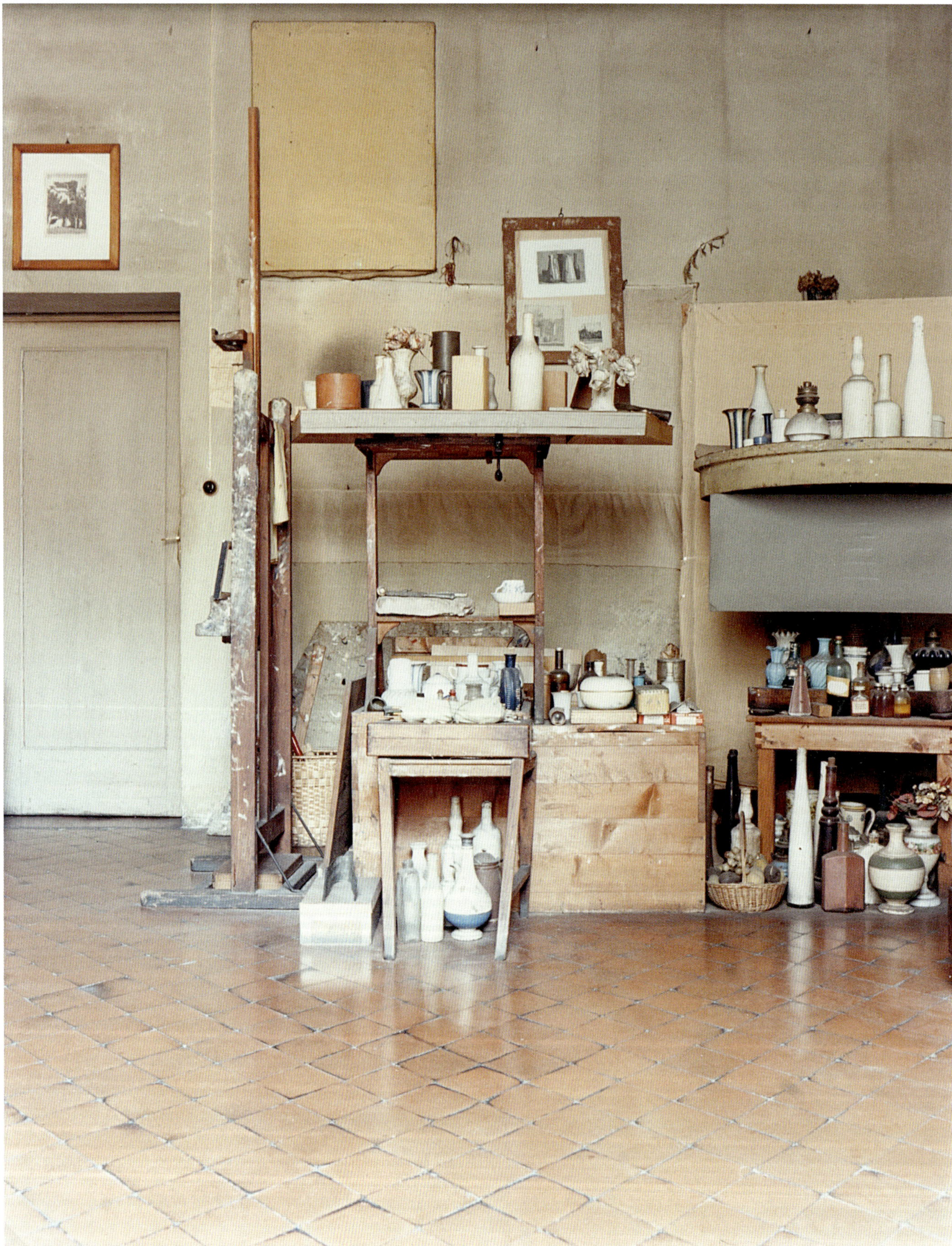

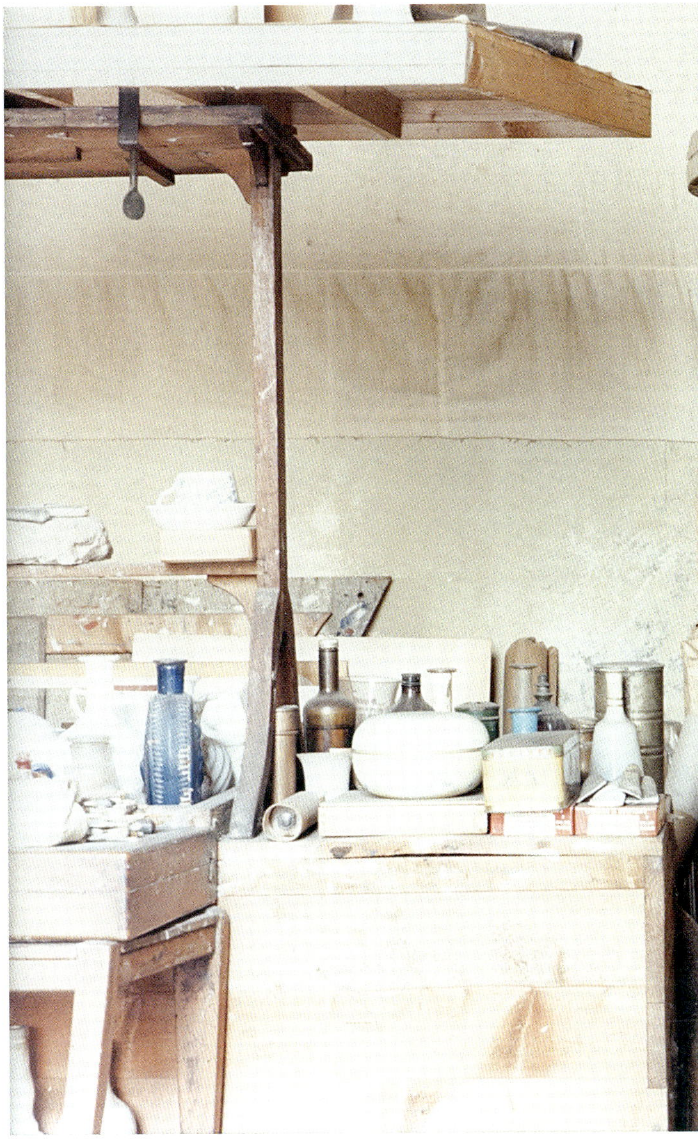

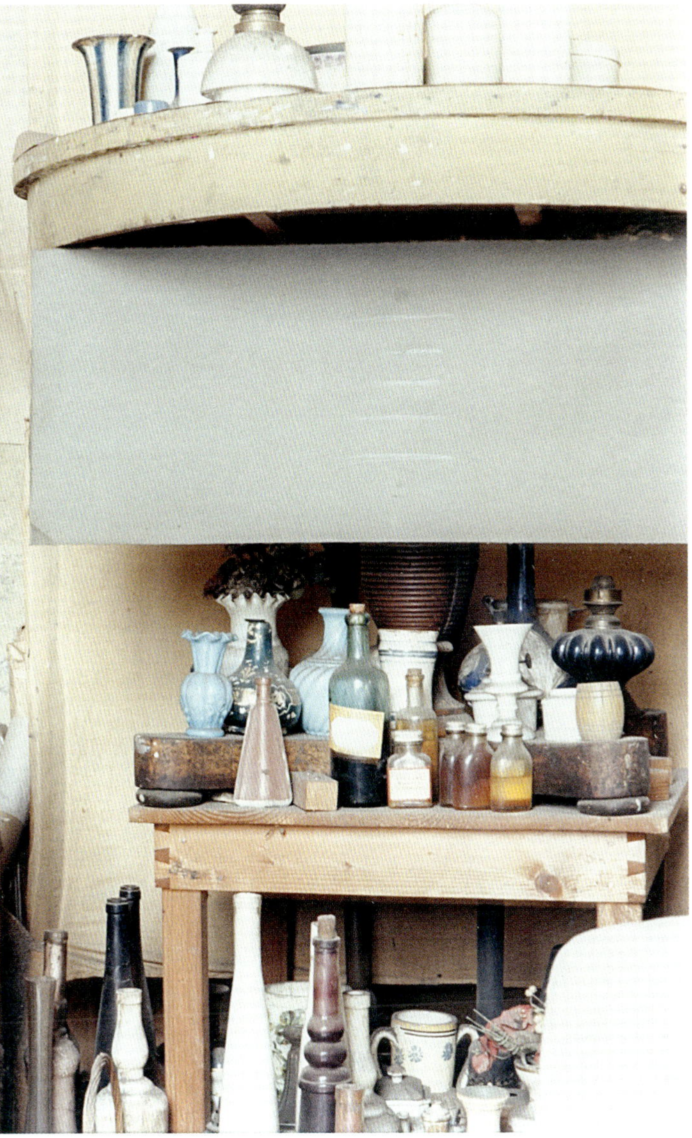

Atelier Morandi – Bologna
via Fondazza, 1989-1990

Atelier Morandi – Bologna
via Fondazza, 1989-1990

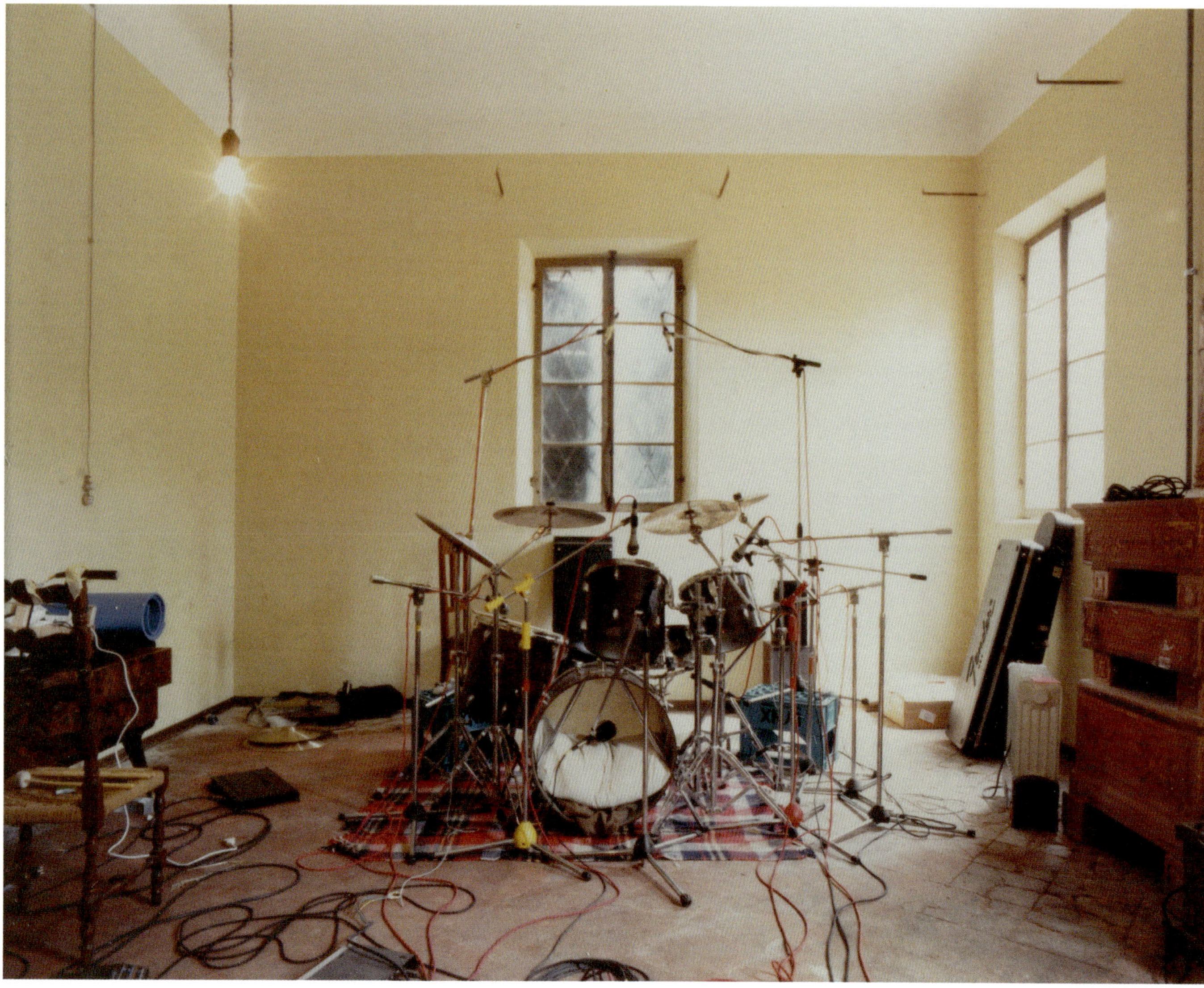

Correggio – Villa Pirondini, 1990

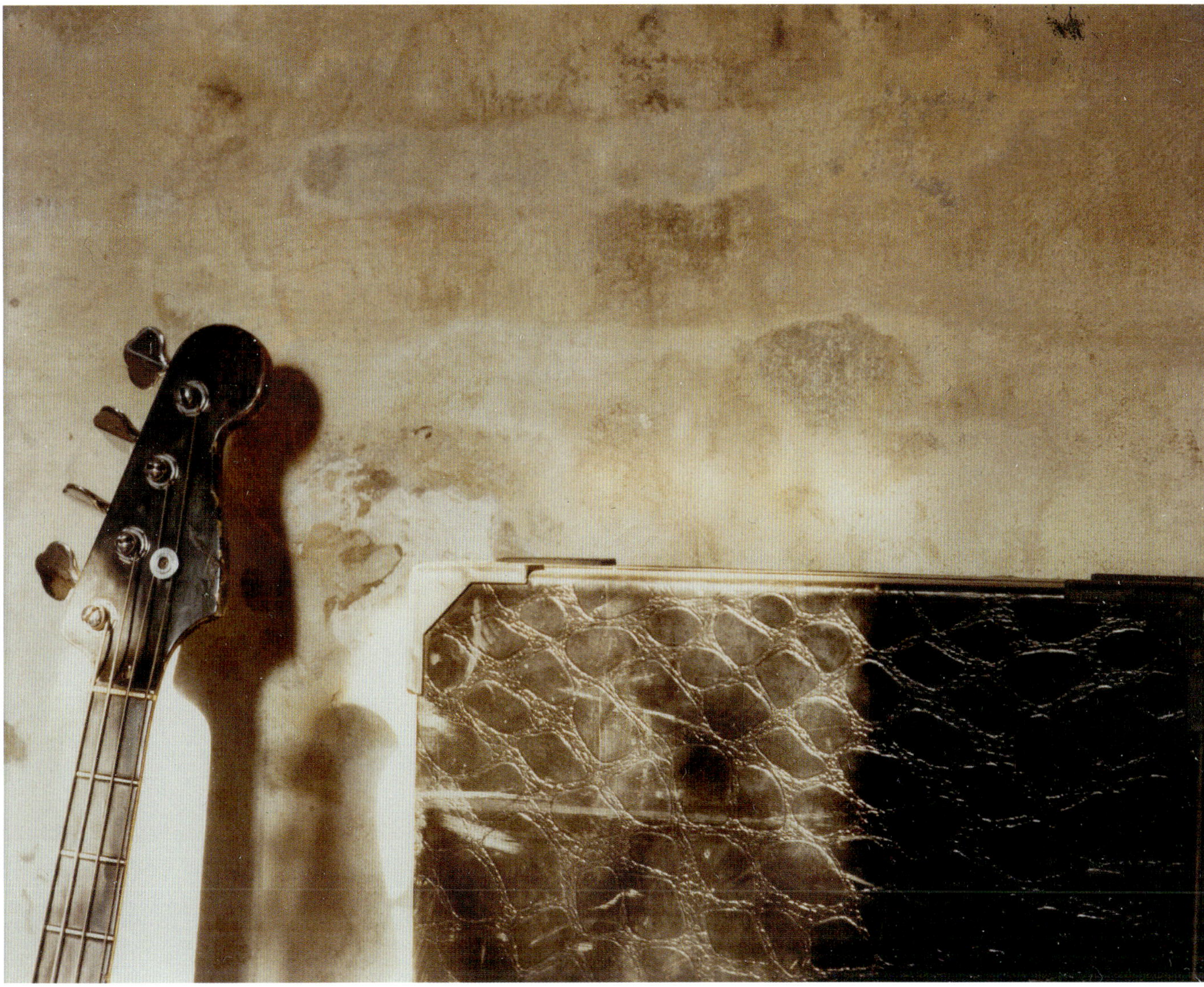

Correggio – Villa Pirondini, 1990

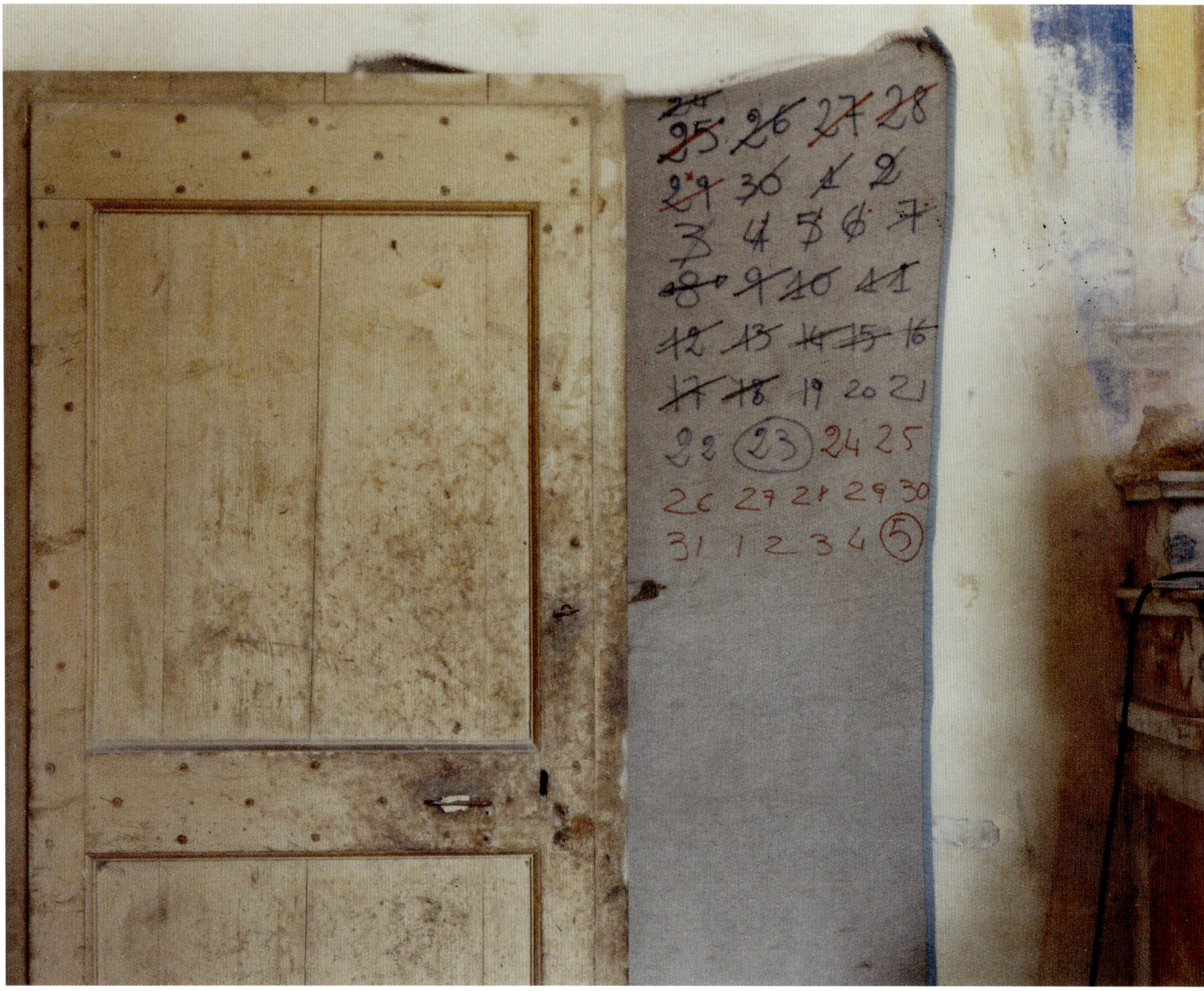

Correggio – Villa Pirondini, 1990

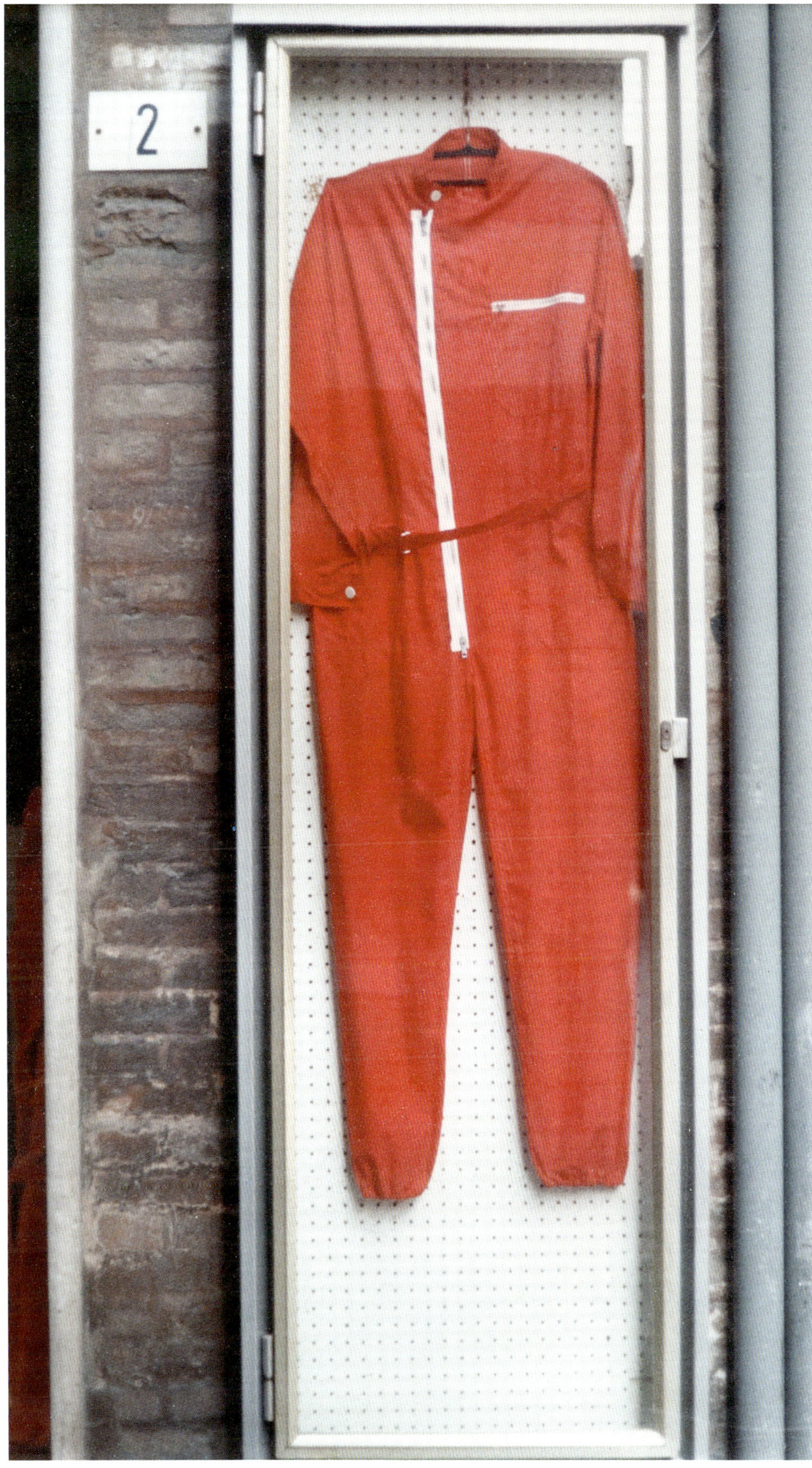

Modena, 1972

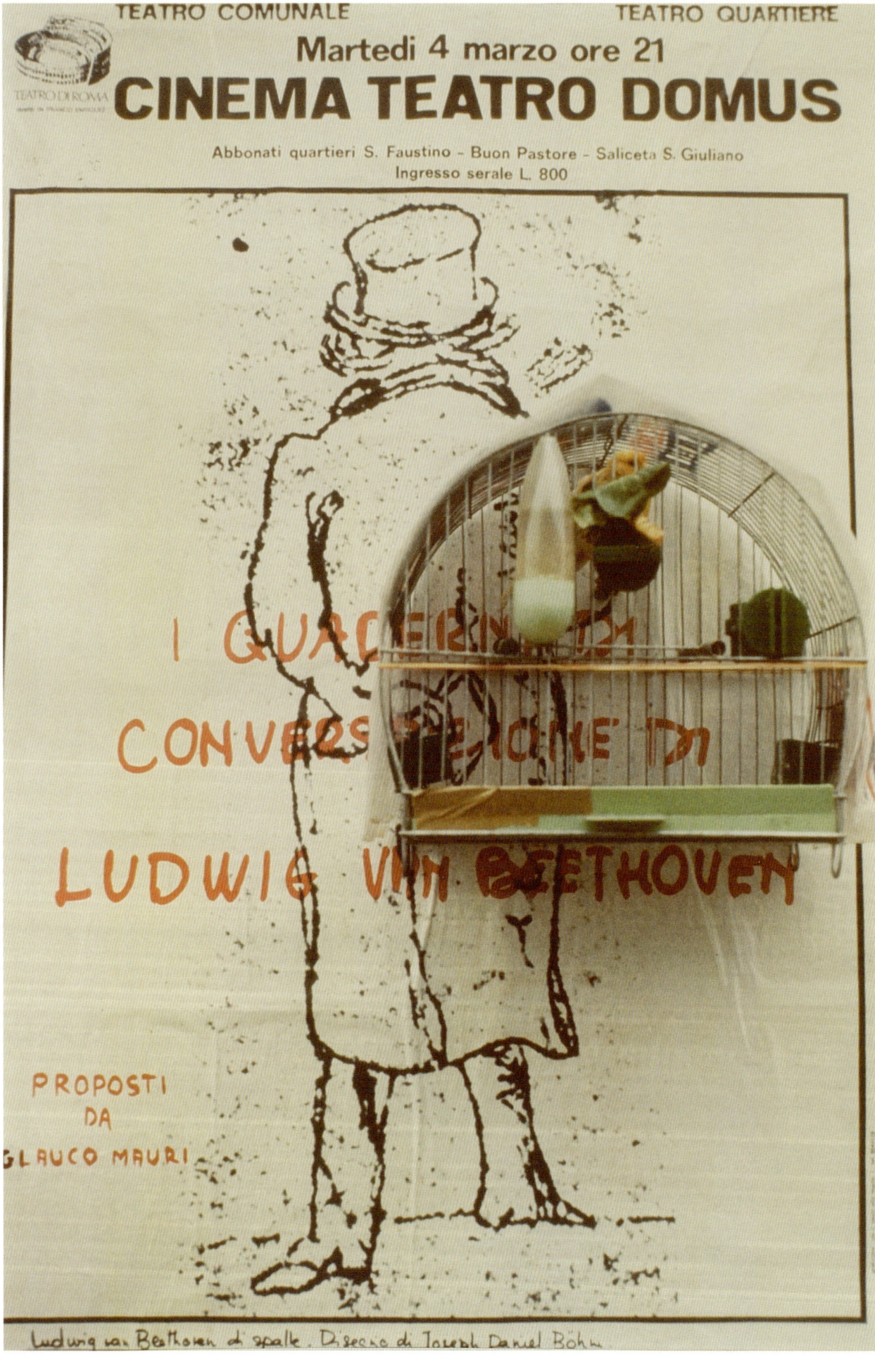
TEATRO COMUNALE
TEATRO QUARTIERE
TEATRO DI ROMA
Martedì 4 marzo ore 21
CINEMA TEATRO DOMUS
Abbonati quartieri S. Faustino - Buon Pastore - Saliceta S. Giuliano
Ingresso serale L. 800
PROPOSTI
DA
GLAUCO MAURI
Ludwig van Beethoven di spalle. Disegno di Joseph Daniel Böhm

Modena, 1973

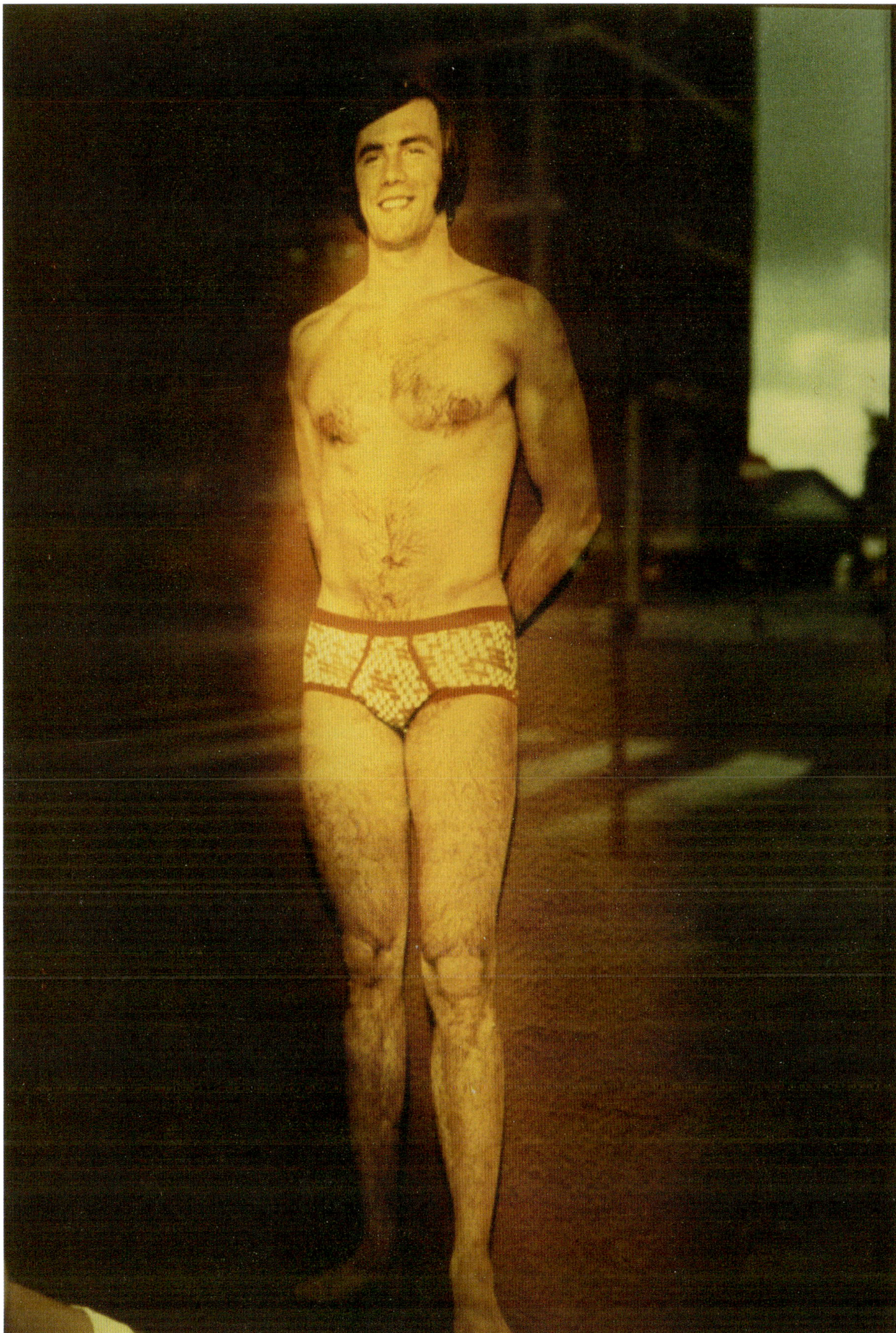

Rotterdam, 1973

Engelberg, 1972

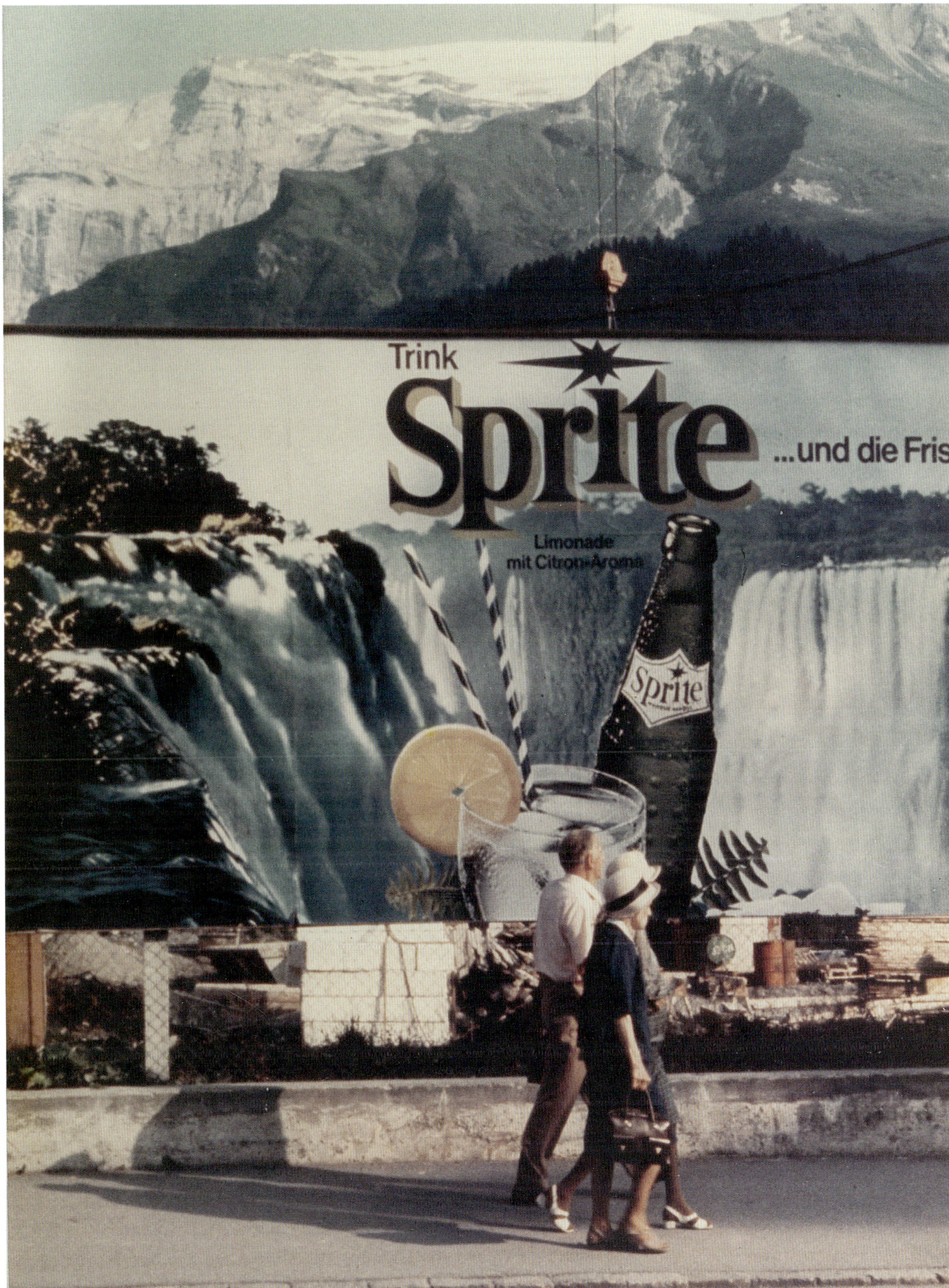
Trink
Sprite
...und die Frise
Limonade
mit Citron-Aroma
Sprite

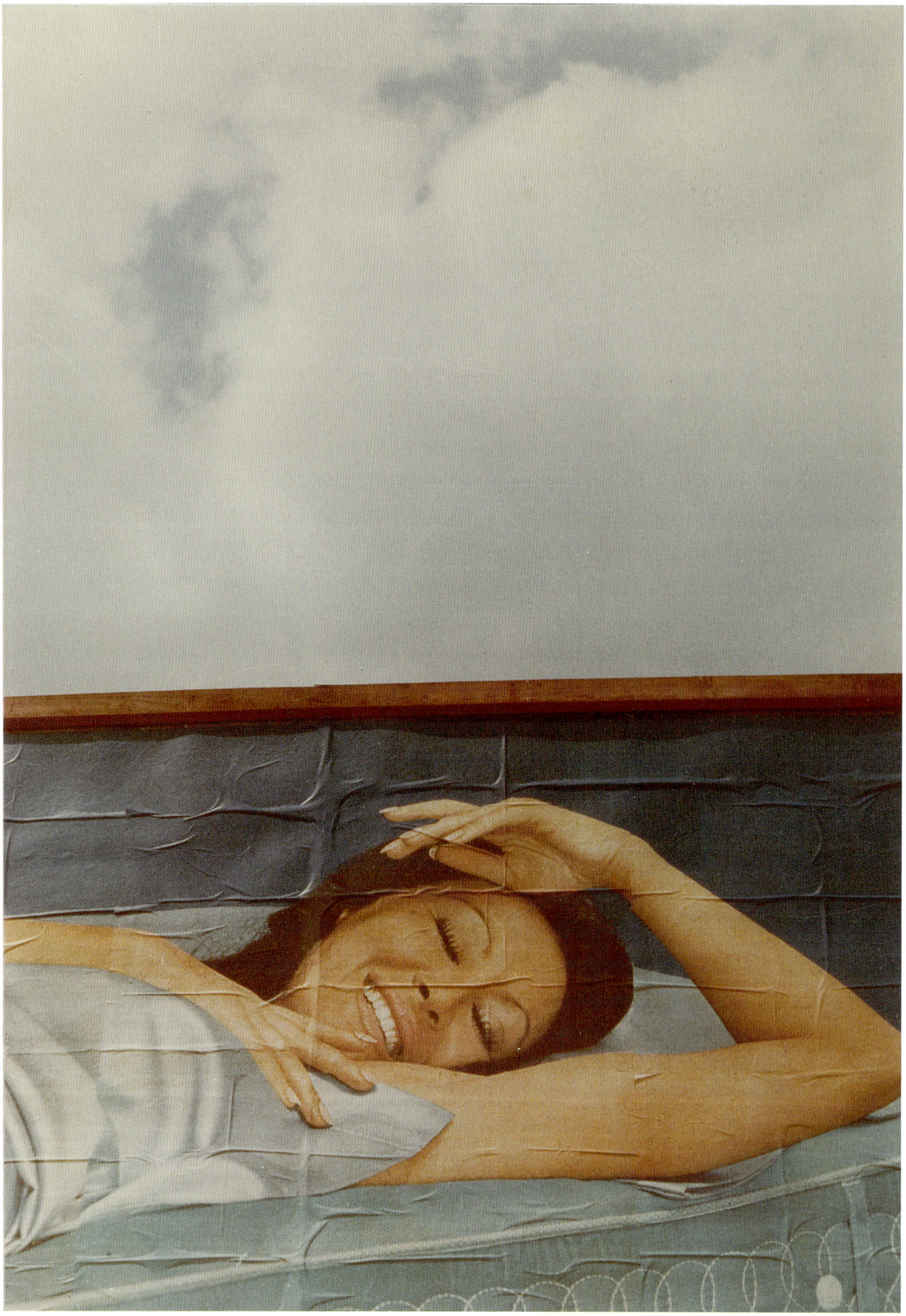

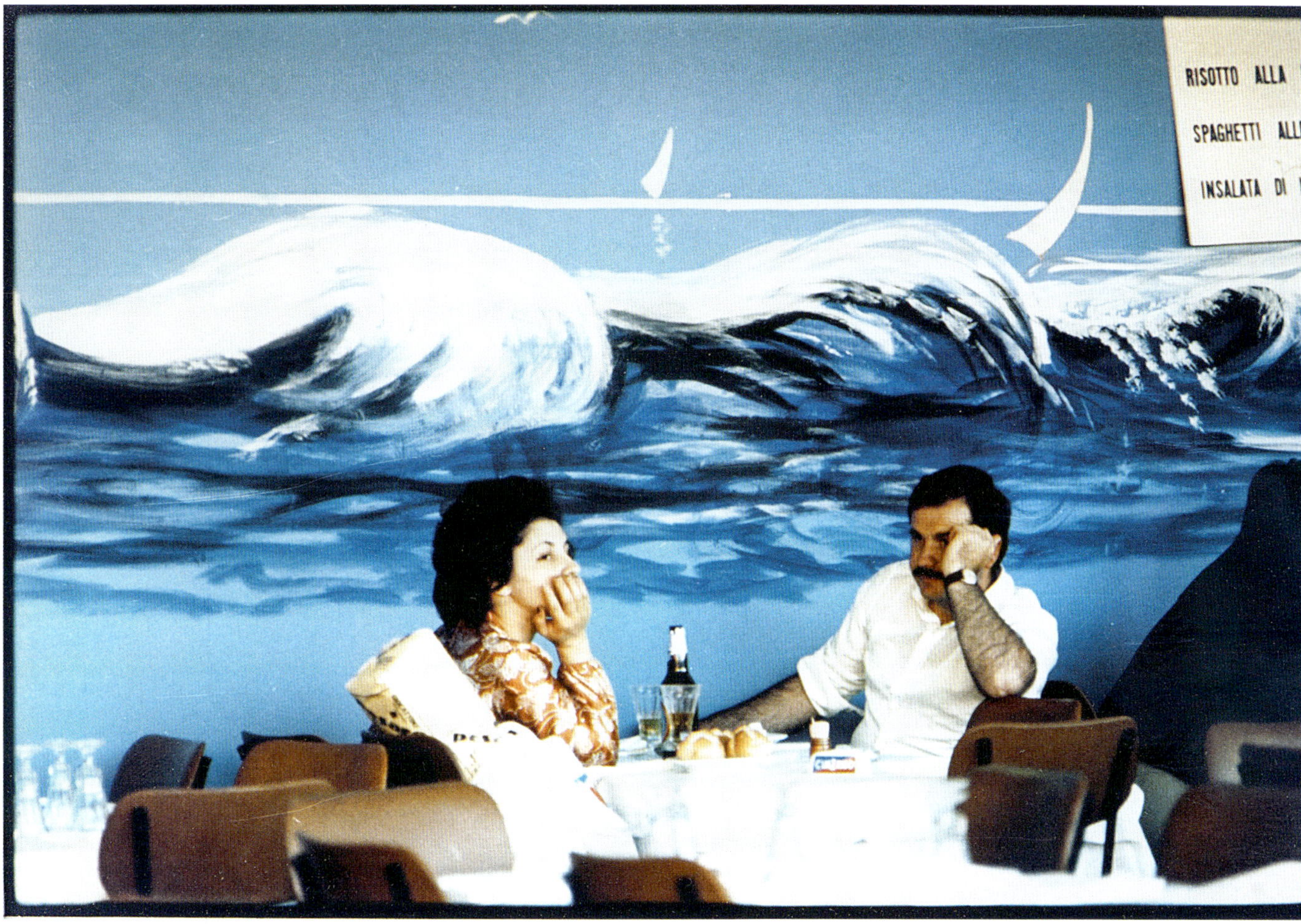

Modena, 1973

Bologna, 1973

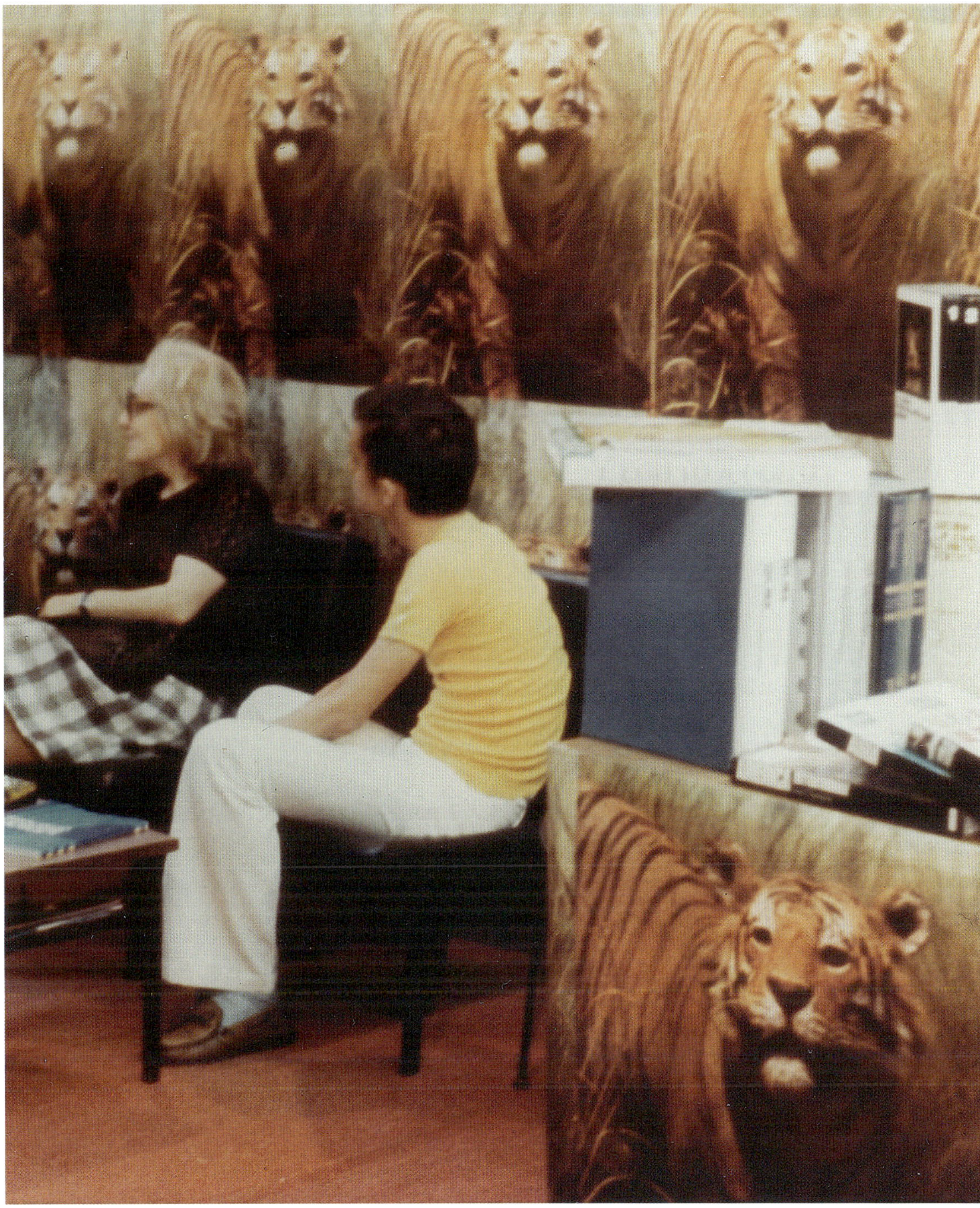

Bologna, 1973

Hergiswil, 1972

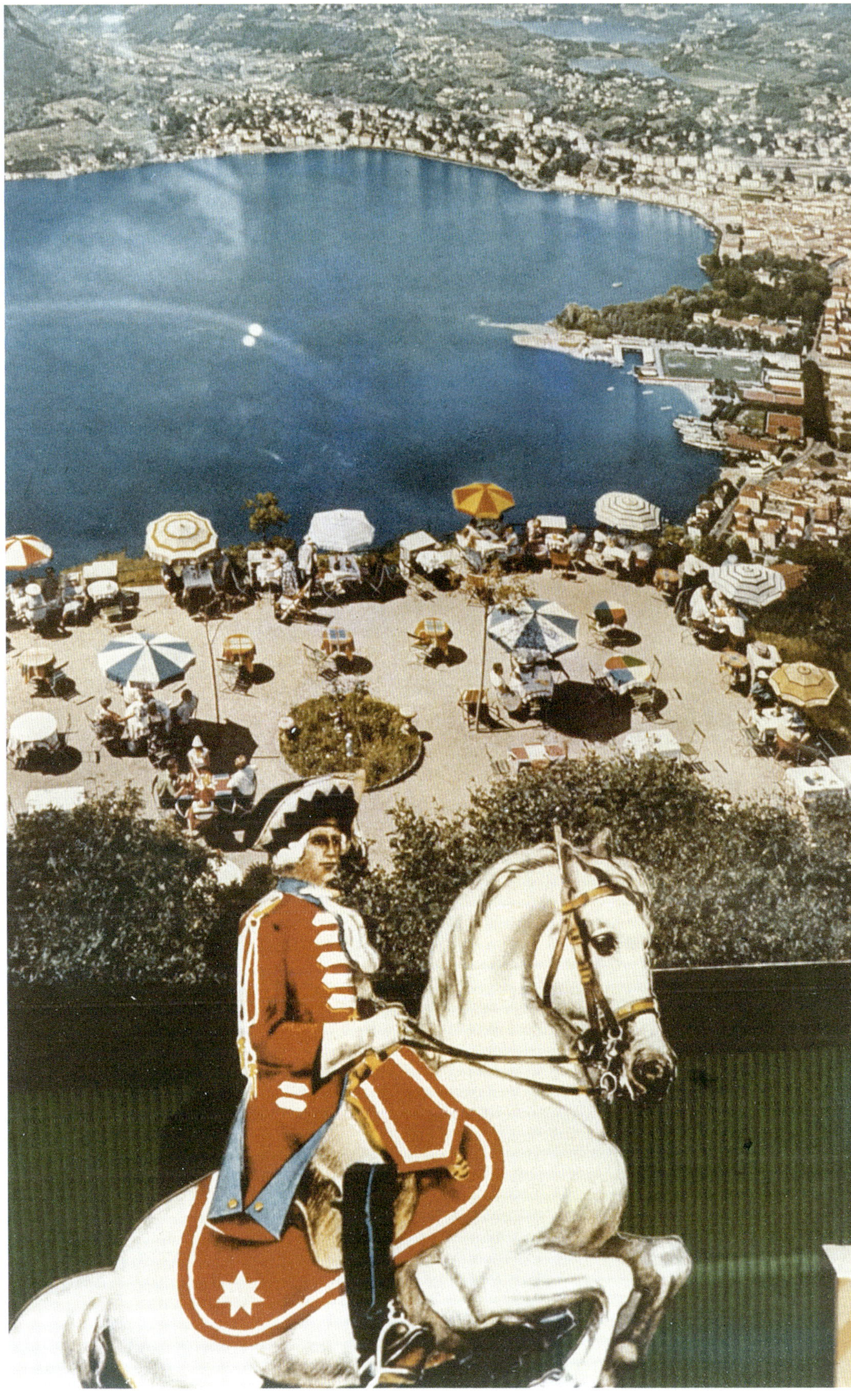

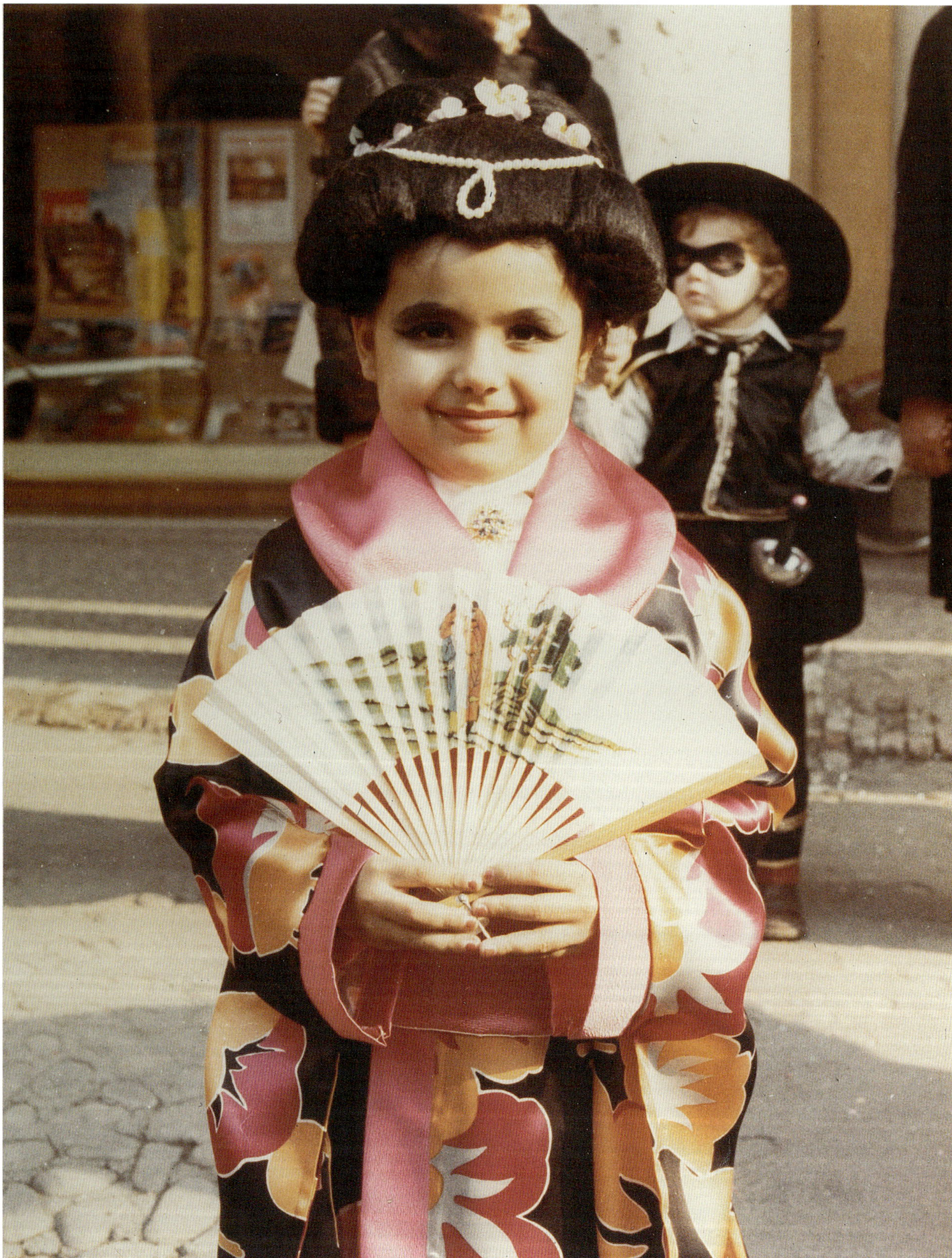

Modena, 1973

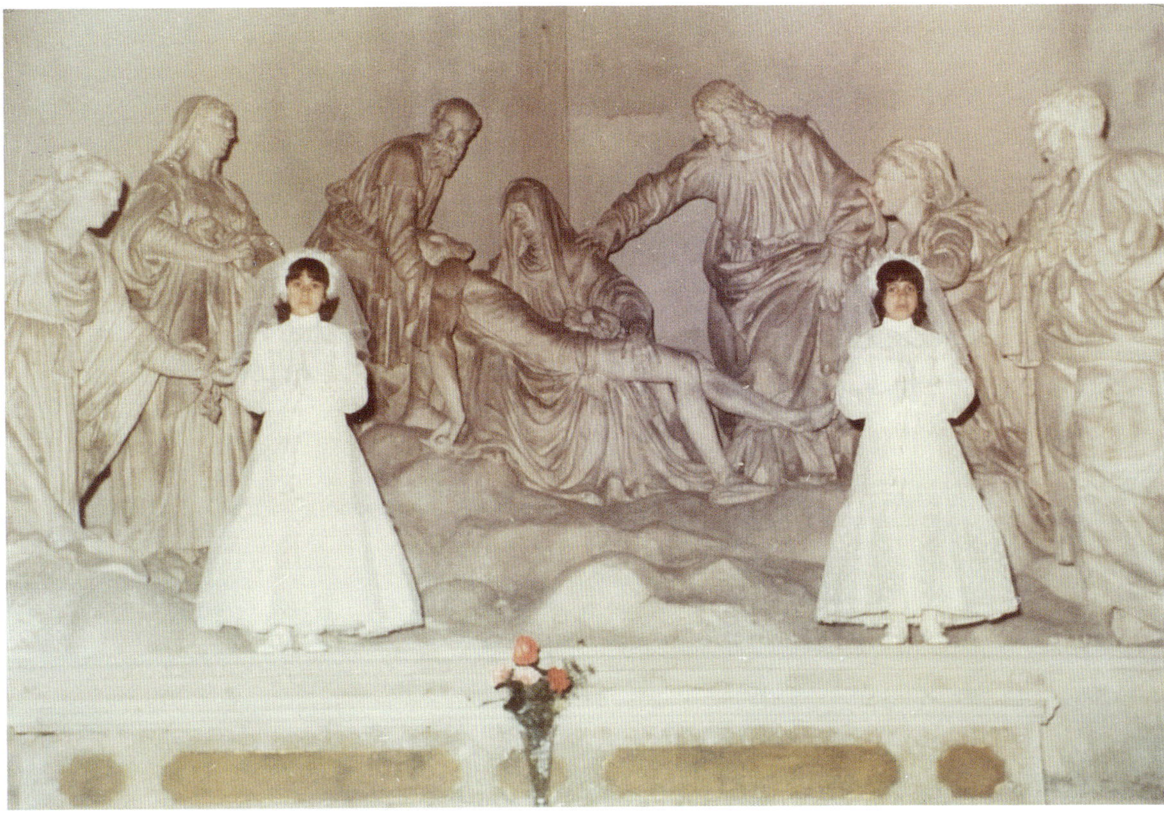

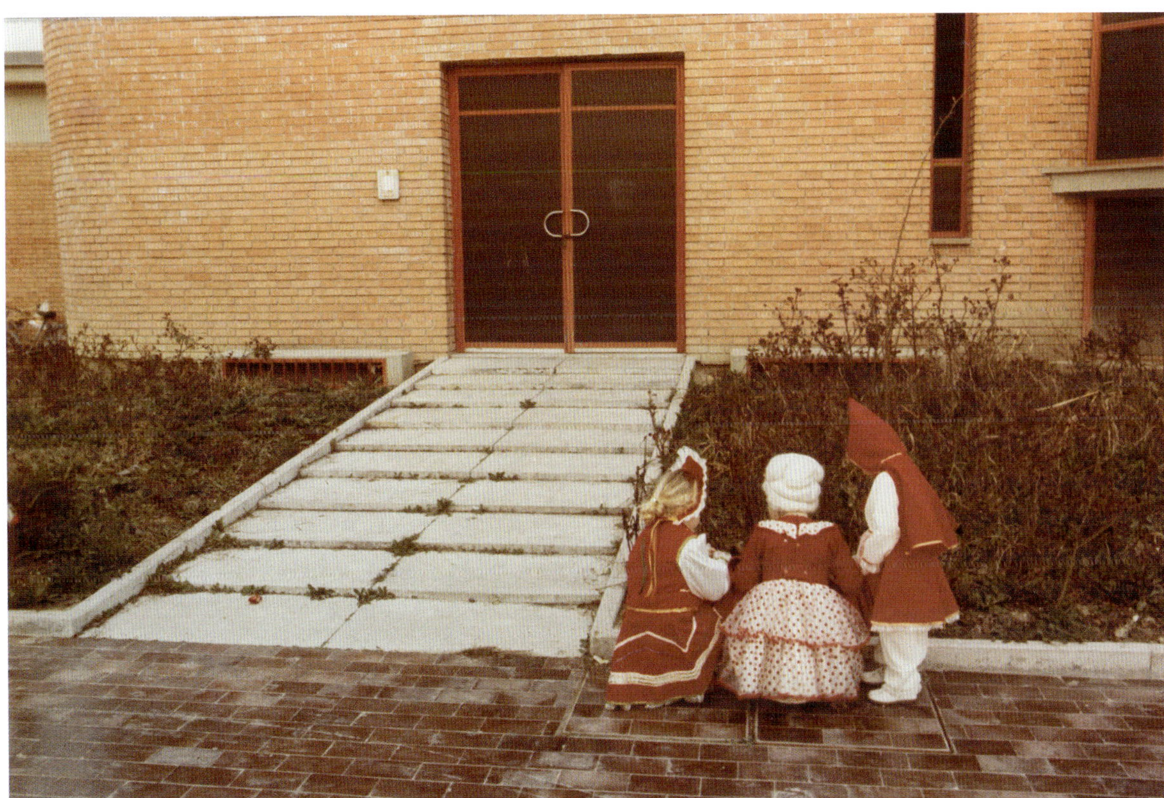

Modena, 1973

Modena, 1974

Modena, 1973

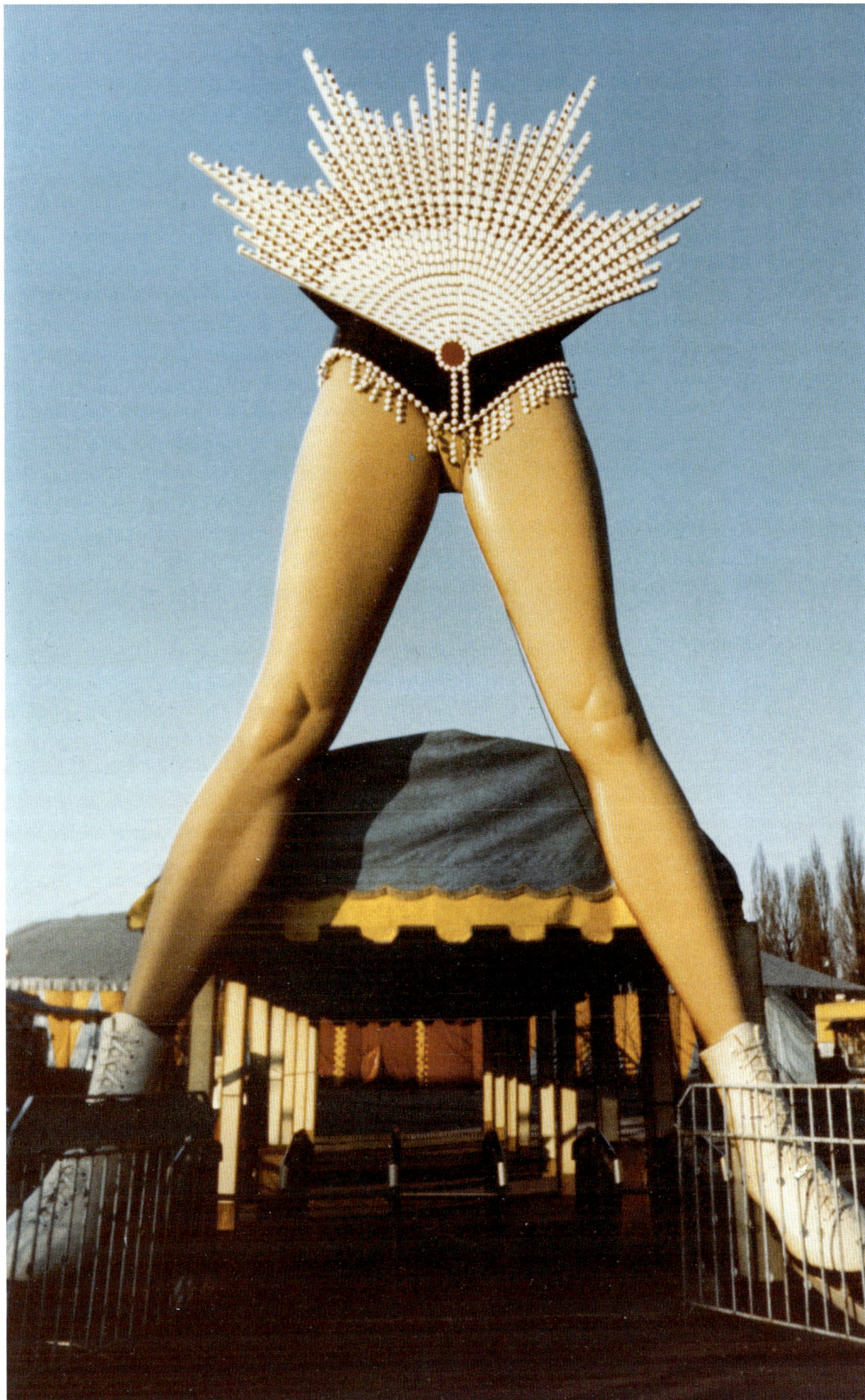

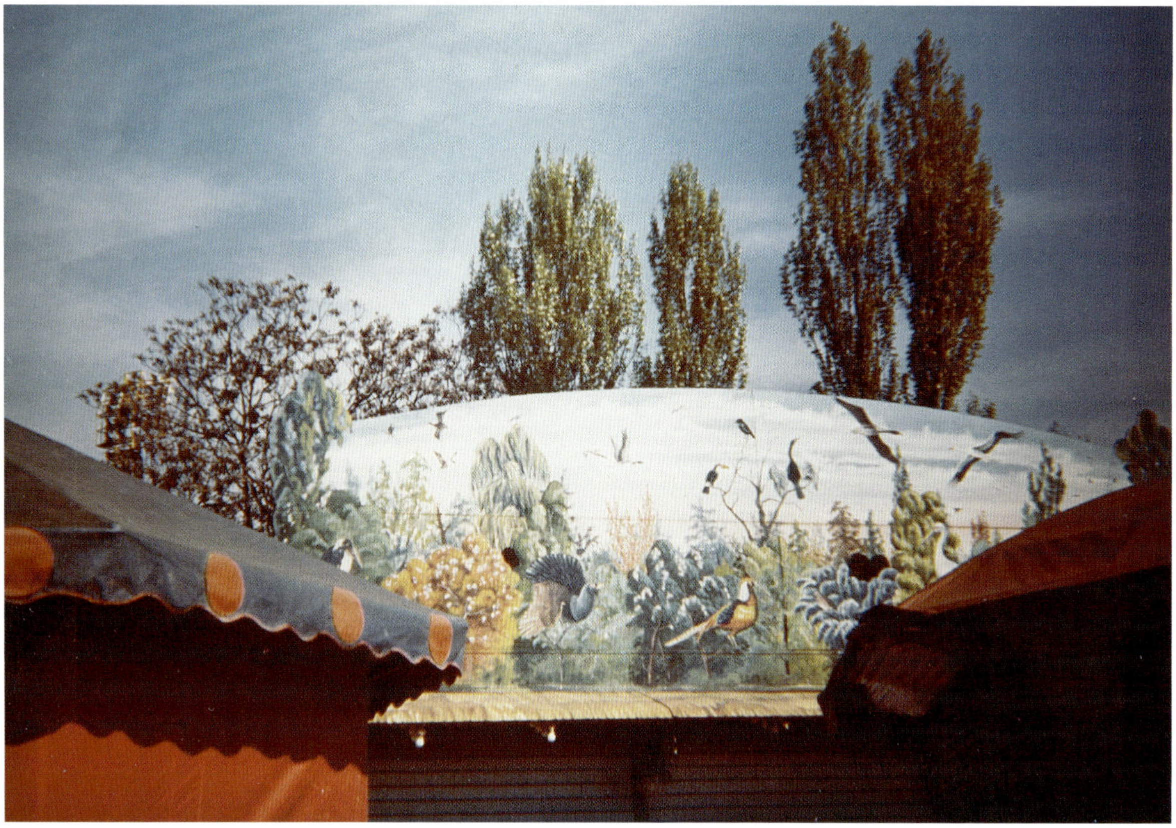

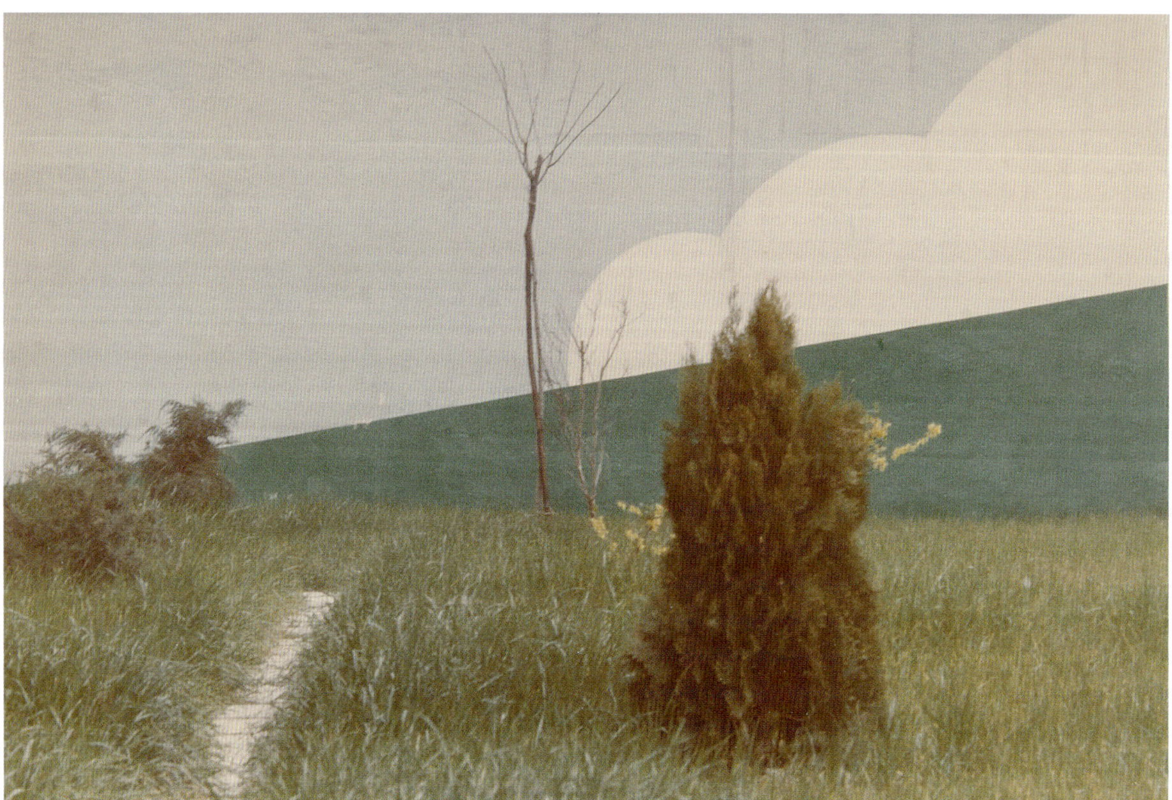

Modena, 1974

Modena, 1973

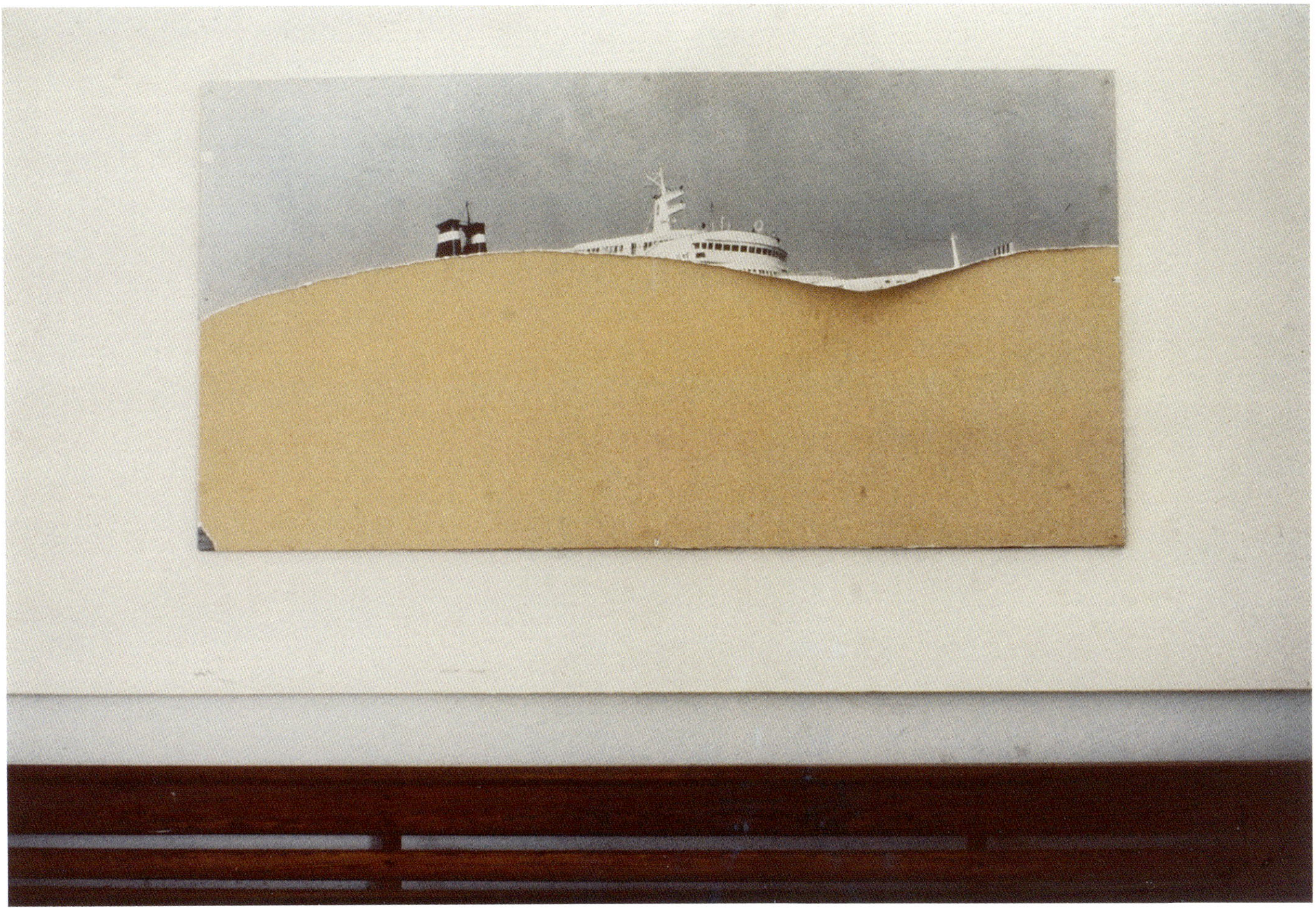

Bastia, 1976

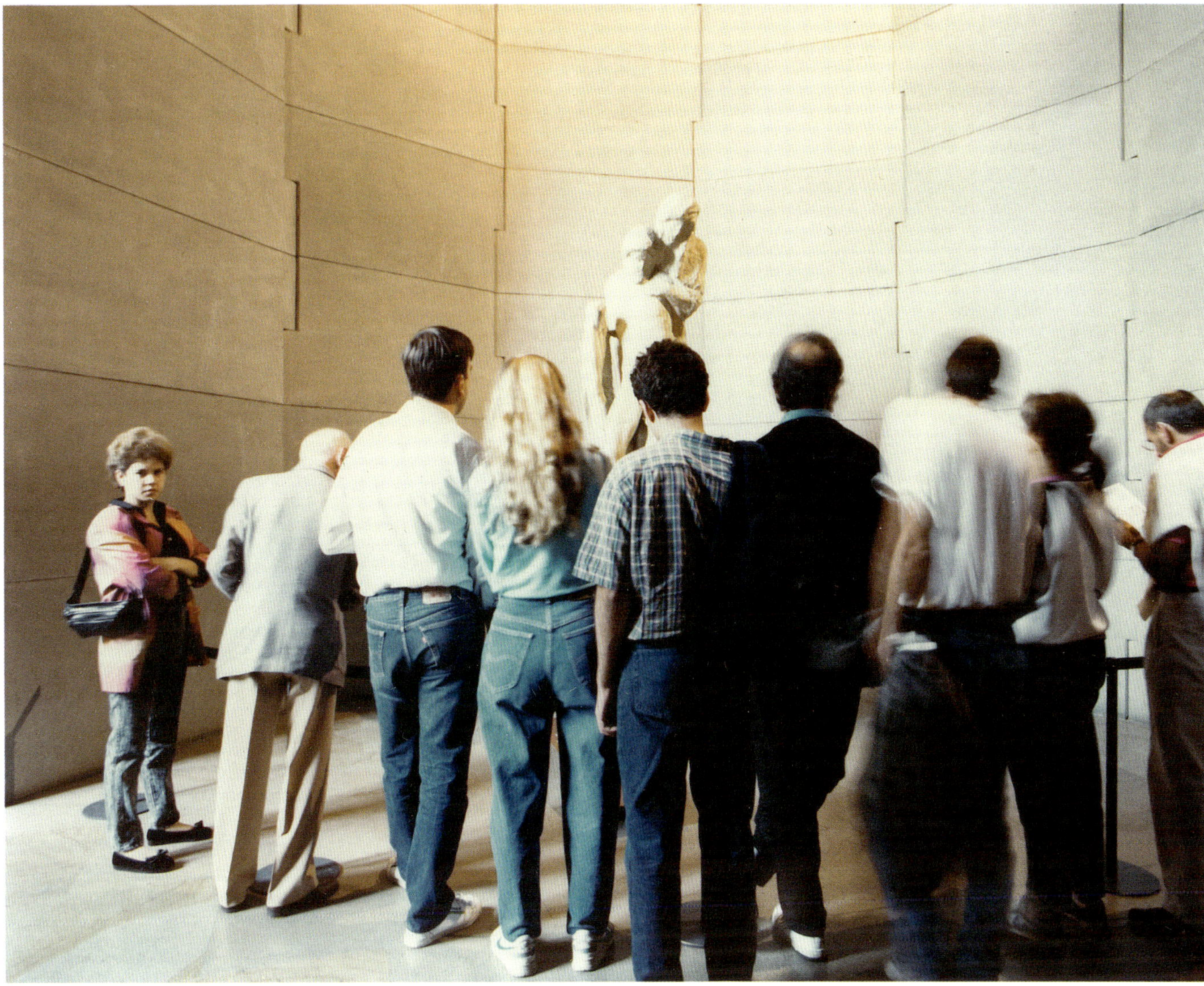

Milano – Castello Sforzesco, 1986

Testimonianze Testimonies

Tra Modena e Matera, quel nostro modo di essere 'fotografi'

Mario Cresci

Molto si è scritto dell'opera di Ghirri, ma credo che diversi aspetti della sua poetica siano ancora tutti da studiare senza cedere alla retorica del ricordo o delle testimonianze più o meno veritiere di chi lo ha conosciuto. Mi ha sempre affascinato, per esempio, quel suo desiderio di comunicare agli altri la ricerca del vedere il mondo non solo in maniera retinica (quello che Duchamp chiamava con diffidenza "l'arte retinica" e che gli permise di dire a Ugo Mulas: "Perché non cominci a fotografare per te stesso e non solo per gli altri?"), quanto piuttosto come mezzo per aprire le porte alle interazioni con la letteratura, la musica, l'arte, la filosofia, in cui la fotografia entrava come linguaggio a pieno merito. Una vera e propria ricerca di senso delle cose vissute in diretta da parte di Luigi, ma anche pensate tra le emozioni e le regole del contatto diretto con la fisicità del reale. Negli anni settanta i viaggi tra Modena e Matera non si contano; viaggi che entrambi abbiamo fatto per tante ragioni non certo per la sola passione per la fotografia, quanto piuttosto per la messa a fuoco di un punto nodale di quel nostro modo di essere 'fotografi' per la nostra apertura verso quei saperi che non appartenevano al mondo del fotografico. Noi eravamo per una fotografia che "da pratica si tramuta in studio dei dispositivi linguistici [...] non è più copia della realtà, ma il prodotto della libera attività della coscienza che produce immagini", come scriverà più tardi Germano Celant sull'opera di Ghirri. Il solo che in Italia all'inizio degli anni settanta ebbe la capacità di sciogliere quelle problematiche, oggetto delle nostre conversazioni, fu Ugo Mulas con le sue *Verifiche* forse tra le prime riflessioni radicali sul linguaggio fotografico del Novecento. Da queste ricerche che entrambi stavamo sperimentando in contesti territoriali molto diversi tra loro, nacque da Luigi l'idea di *Viaggio in Italia*, un grande progetto per una diversa visione del paesaggio italiano.

La mostra, che si inaugurò a Bari nel 1984, diede inizio a una nuova stagione della fotografia italiana anche con le immagini di tanti giovani autori oggi molto noti. Un'avventura, quella di *Viaggio in Italia*, che mi aiutò anche a capire quella sua straordinaria capacità di andare con la fotografia oltre il reale pur mantenendo con esso uno stretto rapporto di

oggettività visiva. A suo dire l'aver avuto una formazione da geometra lo aveva aiutato molto più di quanto potesse immaginare, non avendo a suo tempo scelto una scuola d'arte o un'Accademia di Belle Arti.
Uno dei pregi della sua persona, come mi disse un giorno Carlo Arturo Quintavalle, amico di entrambi, era quello di saper "pensare agli altri" e non solo a se stesso. Ghirri aveva infatti il piacere e la capacità di comprendere e leggere le immagini dei più giovani che andavano a trovarlo con i loro lavori, come si va da un collega più grande in cui si ha molta fiducia. In questo senso eravamo entrambi interessati ai percorsi ideativi contenuti nelle immagini, a volte non compiutamente espressi, ma interessanti da riconoscere, per capire il più possibile le ragioni delle scelte nel momento della ripresa; tanto più preziosi da valorizzare in un Paese come l'Italia dove non esisteva alcuna formazione storica e teorica sulla fotografia. Guardando le fotografie di Luigi penso ogni volta che dopo di lui è cambiato il modo di vedere il mondo con la sola macchina fotografica come i grandi autori della storia della fotografia del Novecento. Oggi non saprei immaginare Luigi Ghirri con una macchina digitale di medio formato, ma forse perché no?, sempre con i suoi occhialini tondi che raramente si toglieva e dietro i quali due occhi attentissimi si fermavano solo nel momento di concentrazione della messa a fuoco, sempre con la Pentax 6×7 sul treppiede, visione orizzontale e frontale rispetto al soggetto e tanti minuti di attesa prima dello scatto. Credo che tra le migliaia di immagini realizzate nella sua breve vita non ce ne sia una non perfettamente funzionale al suo modo di vedere, ma sopra ogni cosa di "sentire il mondo" attraverso la fotografia.

Bergamo, 25 aprile, 2016

Between Modena and Matera, Our Way of Being 'Photographers'

Mario Cresci

Much has been written about Ghirri's works, but I believe there are still many aspects of his poetics to be studied without surrendering to the rhetoric of recollections and to the more or less veritable testimonials of those who knew him. For instance, I have always been fascinated by his desire to communicate his quest in viewing the world not only in a retinal way (what Duchamp sceptically termed "retinal art" allowed him to tell Ugo Mulas: "Why don't you start photographing for yourself instead of only for others?"), as much as a means for opening up the doors to interaction with literature, music, art, philosophy – where photography entered as a fully-fledged language. Some actual research for the sense of events experienced in the first-person by Luigi, but those also conceived amidst the emotions and rules of direct contact with the physical sphere of reality. Countless trips were made between Modena and Matera during the seventies: trips both of us embarked upon for many reasons, certainly not only for the sole passion of photography, but rather for focusing on a key point inherent to our way of being 'photographers' in our open-mindedness towards the sort of knowledge that did not belong to the universe of photography. We belonged to a sort of photography that "from being a practice is transformed into the study of linguistic devices [...] it is no longer a copy of reality, but rather the product of the free activity of an image-producing consciousness", as Germano Celant later wrote when referring to Ghirri's works. The only one who was able to dissolve these problems (the subject of our conversations) in Italy during the early seventies was Ugo Mulas with his *Verifiche*, which was perhaps one of the first radical considerations regarding 20th-century photographic language. This research experimented by the two of us in very different territorial contexts led Luigi into coming up with the idea of *Viaggio in Italia*, a great project offering a different vision of the Italian landscape. The exhibition inaugurated in Bari in 1984 set off a new season for Italian photography, including images by many young authors who are very renowned at present. *Viaggio in Italia* was an adventure that also helped me understand his extraordinary skill in going beyond reality with his photography, while maintaining a close relationship with its visual objectivity. In his opinion, having been trained as a land surveyor, helped him much more than he could have ever imagined, as at that time he had not chosen to attend an art school or a Fine Arts Academy.

Amongst his personal merits, as one day Carlo Arturo Quintavalle (a common friend of ours) said to me, was that he knew how to "think of others" and not only of himself. In fact, Ghirri had the pleasure and capability of understanding and interpreting the images of young artists who visited him with their works, just as one turns to an older and trusted colleague for advice. In this sense, we were both interested in the conceptual pathways contained in those images, at times not fully expressed, yet interesting to recognize in order to better understand the reasons behind those choices made at the time of shooting; all the more precious to be valued in a country like Italy, which was completely lacking any sort of historical and theoretical training in photography. Every time I look at Luigi's photographs, I think that the vision of the world behind the photographic lens has changed thanks to him – just like the great authors in the history of photography during the 1900s. Today I simply cannot imagine Luigi Ghirri using a medium format digital camera – but why not? Always wearing those little round glasses that he rarely removed, behind which two very attentive eyes only stopped in the moment he concentrated on focusing, always with his Pentax 6×7 standing on the tripod, with a horizontal and front view of the subject and many minutes of trepidation before the click. I believe that, amongst the thousands of images he produced during his short lifetime, not one of them is not perfectly functional to his way of viewing – but especially to his way of "feeling the world" – through photography.

Bergamo, 25 April 2016

Luzern, 1971

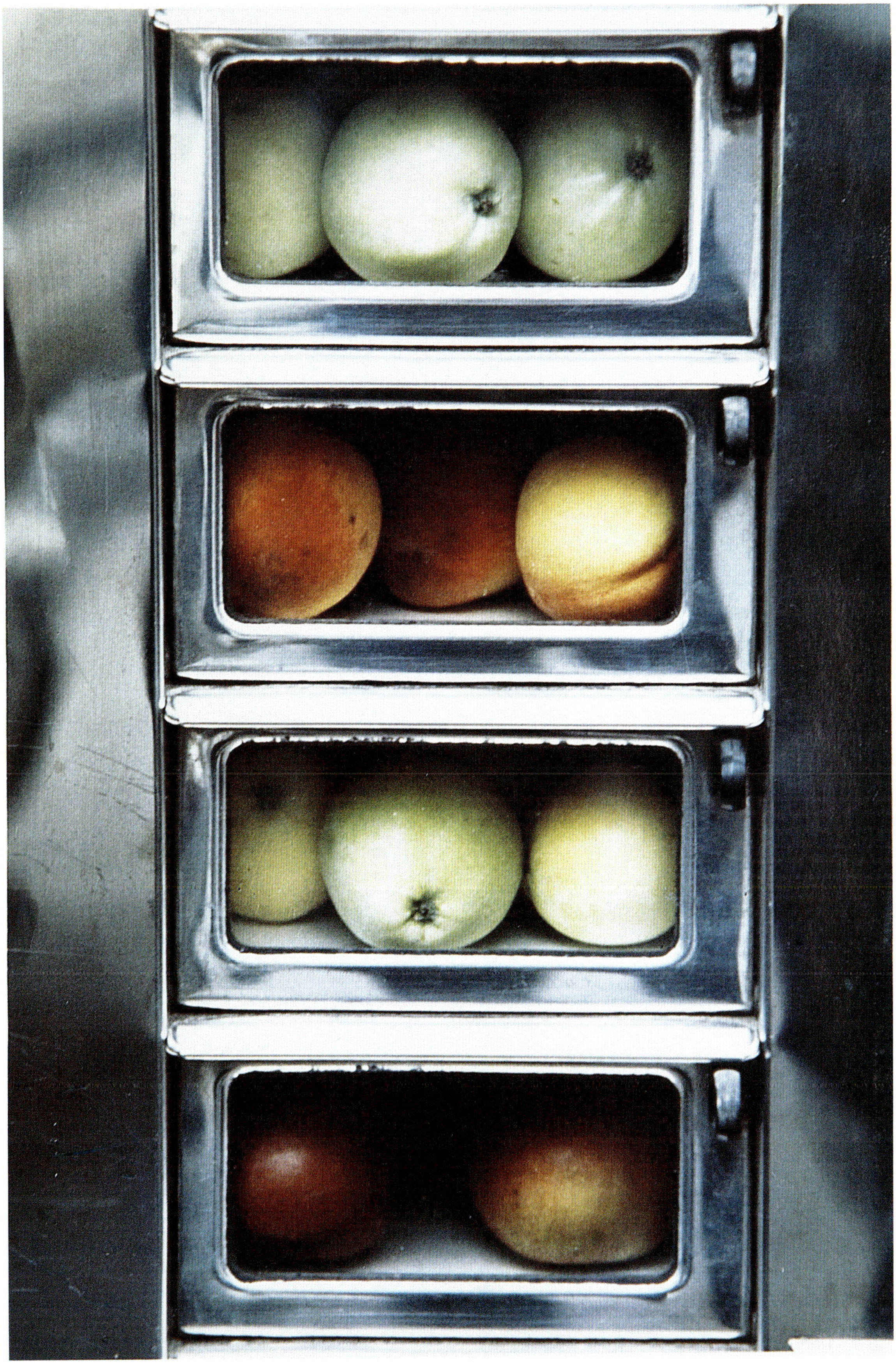

Luigi Ghirri

Massimo Minini

Non siamo tutti pittori; possiamo al contrario dire che siamo tutti fotografi: chi non ha mai scattato fotografie?
Ognuno di noi conosce qualcosa della fotografia.
Certo, prima del digitale e delle macchine automatiche bisognava sapere qualcosa in più: diaframma, tempi, apertura, profondità di campo... La foto era una questione di tecnica all'ottanta percento.
Un po' come dicono gli inglesi: "Art is 20% inspiration and 80% perspiration".
Oggi invece basta un minimo impegno e l'immagine viene bene. Ci pensa Lei: la Macchina.
Fino a poco fa la fotografia era in bianco-nero, pressappoco come la televisione. Bianco-nero significava serietà, impegno, ricerca, applicazione, sviluppo.
Poi è arrivato il colore, laboratori automatici, veloci, perfetti per matrimoni, battesimi, lauree, addii al celibato.
Anche per noi, fotografi della Domenica, l'irrompere del colore è stato un punto di non ritorno.
Più bello, più facile.
Erano i primi anni settanta, e Luigi Ghirri si trova il colore di traverso a sbarrargli la strada, a indicargli una nuova strada. Basta neorealismo, tabarri, pecore. Da geometra misurava, disegnava, costruiva, e usava la macchina per lavoro. Immagino che per terminare il rullino delle mitiche 36 pose scattasse le ultime per il proprio piacere.
Lui, come dire, è stato la prima vittima di se stesso.
Avrà guardato i risultati di quegli scatti, li avrà studiati e man mano modificati, un occhio ai particolari, un altro ai paesaggi dell'Emilia, sotto casa.
Nel frattempo noi continuavamo a fotografare i bambini, mare d'estate, neve d'inverno.
Compleanni al ristorante. Nonni, figli, nipoti con le pupille rosse, fino a quando il digitale introdurrà un'apposita funzione per evitarle.
E Ghirri avanti con prospettive centrali, canali, strade delle anime, portali in pietra nella nebbia, neve, l'Emilia di notte nelle feste.

Un bel giorno ho inciampato nella sua fotografia, così familiare, pareva la mia. Eppure c'era un qualcosa… Qualcosa che non si capiva bene, qualcosa di più, sì, ma cosa?
Non ve lo dico, arrangiatevi da soli, in fondo per ognuno è una esperienza diversa, intima, personale, che può solo essere intuita. Non posso dirlo perché certe situazioni non sono spiegabili a parole.
Il fatto è che da quando ho creduto di 'capire' Ghirri e il suo mondo, ho cambiato il mio modo di fotografare. Ho forse capito che quelle sue immagini così semplici racchiudevano un pensiero forte, erano costruite e non casuali, erano cercate, volute, fondavano un pensiero e lo dimostravano, come un teorema poetico.
Ho avuto una folgorazione simile guardando un giorno una mostra di Giorgio Morandi.
Dapprima un po' distratto, poi sempre più attratto da qualcosa. Chissà cosa, qualcosa di indefinibile, inspiegabile, invisibile, introvabile… Ma sì, eccola, eccole, l'ipnosi veniva dalla pennellata, continua, a ghirigori ma semplici e pacati. Mi son messo a seguire la traccia del pennello, per qualche istante ho provato uno stato di trance, di immedesimazione.
Io ero davanti alla tela, alla stessa distanza che Morandi occupava quando stava completandola. Un po' come *Giovane che guarda Lorenzo Lotto* di Paolini (il luogo occupato nel tempo e nello spazio…).
Morandi sicuramente aveva un piccolo pennello piatto, carico, e lo trascinava su e giù, qua e là, a stendere il suo grigio/nebbia con una punta di colore caldo.
Ecco, Ghirri sicuramente trascinava la sua camera qua e là, su e giù fino a trovare il taglio, l'inquadratura, l'esclusione e l'inclusione voluta, fino a far coincidere il suo pensiero con la realtà, a dimostrazione di un teorema poetico, di un assunto meditato, di una visione fattasi improvvisamente reale.
(E poi, sia detto tra parentesi, guardo tutte queste foto assieme, prima della mostra, stese sul pavimento, una accanto all'altra in un grande blocco e cosa vedo, cosa credo di capire? Ma certo, sono i teatrini di Arturo Martini e di Fausto Melotti! Ogni immagine ha un primo piano e uno sfondamento: una porta, una finestra, tendine in una intima cucina, una luce che viene da nord, la lezione di Vermeer…). Chiusa parentesi.
E così ora anche io prima di scattare penso, fotografo solo certe cose, mai più al ristorante, niente mari o monti, ma a volte sì, ma sono mari diversi, mentali, niente vele bianche o nuvolette. A volte Etna o Stromboli, lontani triangoli angelici, geometrici.
Ciò detto, Ghirri mi ha scoperto tardi. Andatosene nel 1992 mi manda i suoi emissari nel 2005. Io ero pronto, ci pensavo da molto ma, con la calma che mi distingue, aspettavo che succedesse qualcosa, senza affrettare decisioni. E in effetti successe tutto d'un colpo.
Visto il suo lavoro in aprile, decido immediatamente di dedicargli una parete a Basilea, con la pubblicazione di un libro piccolo ma prezioso.
In fiera dedico al suo lavoro una grande parete, che poi ripeterò in altre situazioni e altre città. Poi mostre in galleria da me e anche Zurigo, Berlino, Londra, Parigi, e recentemente New York, Montecarlo… tutte queste provocano la sala alla Biennale di Venezia, si annuncia la mostra al MAXXI che a sua volta farà tappe importanti fuori Italia…
Il lavoro di Ghirri, promosso e difeso dall'impegno di Paola che se n'è andata nel momento magico, esce dal ghetto della fotografia e vola alto nell'Olimpo dell'arte.
La macchina s'è messa in moto e oggi pare inarrestabile.

Luigi Ghirri

Massimo Minini

We are not all painters; can we say on the contrary that we are all photographers: who has never taken a photograph?
We all know something about photography.
Of course, before digital and automatic cameras we had to know something more: stops, timings, apertures, depth of field… The photo was 80% a matter of technique.
As they say: "Art is 20% inspiration and 80% perspiration".
Today, instead, with a minimum of effort, the image will be good. The camera will see to that.
Until recently, photography was in black and white, much like television. Black and white meant seriousness, commitment, research, application, development.
Then came colour, automatic, fast laboratories, perfect for weddings, baptisms, graduations, stag dos.
For us too, us Sunday photographers, the arrival of colour was a point of no return.
More beautiful, easier.
It was the early seventies, and Luigi Ghirri found colour in front of him blocking his way, showing him a new path. No more neorealism, no more cloaks and sheep. As a surveyor he measured, he drew, he built, and he used the camera for work. I imagine that to finish the roll of the mythical 36 shots, he would have used the last few for his own pleasure.
He was, we could say, his own first victim.
He will have looked at the results of those shots, he will have studied and gradually modified them, one eye on the details, the other on the landscapes of Emilia, outside his house.
Meanwhile we continued photographing children, summer seas, winter snows.
Birthdays in restaurants. Grandparents, children, grandchildren with red eyes, until the digital would introduce a special function to avoid that.
And Ghirri went forward with central perspectives, channels, roads of souls, stone portals in the fog, snow, Emilia at night on feast days.

One day I stumbled upon his photography, so familiar, it seemed to be mine. Yet there was something… Something that was not immediately clear, something more, yes, but what?
I won't tell you, you'll have to figure it out for yourselves; basically it is a different experience for everyone, intimate and personal, one that can only be intuited. I cannot say it because certain situations cannot be explained in words.
The fact is that since I thought I could 'understand' Ghirri and his world, I changed my way of photographing. Perhaps I understood that those images of his, that were so simple, enclosed a powerful thought, they were constructed and not random, they were intentional, desired, they founded a thought and demonstrated it, like a poetic theorem.
I had a similar shock one day viewing an exhibition by Giorgio Morandi.
At first a little distracted, then more and more drawn to something. Who knows what, something indefinable, inexplicable, invisible, unfindable... But yes, there it is, there they are, hypnosis came from the brushstroke, continuous, zigzagging, but simple and calm. I began to follow the traces of the brush, and for a moment I felt I was in a state of trance, of identification. I was standing in front of the canvas, at the same distance that Morandi was at when contemplating it. A bit like the *Young Woman Looking at Lorenzo Lotto* by Paolini (the place occupied in time and space...).
Morandi undoubtedly had a small flat brush, loaded, and dragged it up and down, here and there, stretching out his greyness/fog with a hint of warm colour.
There it is… Ghirri undoubtedly dragged his camera here and there, up and down until he found the cut, the framing, the exclusion and inclusion he wanted, until his thought and reality coincided, demonstrating a poetic theorem, a pondered assumption, a vision made suddenly real.
(And then, to be said in brackets, I look at all these photos together, before the exhibition, lying on the floor, next to each other in a big pile, and what do I see, what do I think I understand? But of course, they are the toy theatres of Arturo Martini and Fausto Melotti! Each image has a foreground and a break: a door, a window, curtains in a homely kitchen, a light that comes from the north, the lesson of Vermeer...). Close brackets.
And so now I too think before shooting, I photograph only certain things, never again in restaurants, no seas or mountains, though sometimes yes, but they are different seas, mentally, no white sails or fluffy clouds.
Sometimes Etna or Stromboli, distant angelic, geometric triangles.
That said, Ghirri discovered me late. Having left us in 1992, he sends me his emissaries in 2005. I was ready, I had been thinking about it a lot, but with the calm that distinguishes me, I was waiting for something to happen, without rushing into decisions. And in effect everything happened at once. Having seen his work in April, I decide immediately to dedicate a wall to him in Basel, with the publication of a small but precious book. At the fair I dedicate a large wall to his work, which I will then repeat in other situations and other cities. Then exhibitions in my gallery as well as in Zurich, Berlin, London, Paris, and more recently New York, Monte Carlo... all these lead to the room at the Venice Biennale, announce the exhibition at MAXXI, which in turn will take important paths outside Italy...
Ghirri's work, promoted and defended by the commitment of Paola who left us at the magic moment, emerges from the ghetto of photography and soars
in the Olympus of art.
The camera has started and now seems unstoppable.

Biografia

Luigi Ghirri nasce a Scandiano (Reggio Emilia) il 5 gennaio 1943.
Inizia a fotografare nel 1970 lavorando principalmente per artisti concettuali; nello stesso anno dà il via varie a ricerche personali che verranno successivamente pubblicate con i titoli diversi. Del 1972-1974 è il lavoro *Colazione sull'erba*; nel 1973 realizza *Atlante* e tiene la prima mostra personale a Modena. Lavora inoltre come grafico e nel 1975 è scelto come "Discovery" dell'anno da "Time-Life" e viene pubblicato un portfolio di otto pagine in "Time-Life Photography Year".
Nel 1977 fonda insieme a Paola Borgonzoni e Giovanni Chiaramonte la casa editrice Punto e Virgola, per cui pubblica, in Italia e in Francia, *Kodachrome* (1978), frutto di una ricerca intrapresa all'inizio del decennio.
Nel 1979 il CSAC dell'Università di Parma gli dedica una grande mostra monografica.
Nel 1982 è invitato all'esposizione *Fotographie 1922-1982* alla Photokina di Colonia. L'anno seguente la rivista "Lotus International" gli affida l'incarico di fotografare il cimitero di Modena di Aldo Rossi. Inizia ora un intenso lavoro finalizzato all'analisi dell'architettura e del paesaggio italiano realizzando volumi su Capri (1983), con Mimmo Jodice, l'Emilia Romagna (1985-1986), Aldo Rossi (1987); collabora inoltre stabilmente con la rivista "Lotus International". Svolge anche un'importante opera di organizzazione di progetti espositivi, tra cui *Iconicittà* (1980) al PAC di Ferrara, *Penisola* (1983) al Forum Stadtpark di Graz, *Viaggio in Italia* (1984), mostra itinerante, e *Descrittiva* (1984) per il Comune di Rimini.
Nel 1985 pubblica un volume sulle opere di Paolo Portoghesi e porta a termine un lavoro sulla Città Universitaria di Piacentini, l'anno successivo intraprende il progetto di lettura del paesaggio padano *Esplorazioni lungo la via Emilia*.
Nel 1988 viene pubblicato il volume *Il Palazzo dell'Arte*, di Arturo Carlo Quintavalle, corredato da una sua ricerca fotografica sui principali musei italiani e stranieri.
La sua lunga e profonda riflessione sul tema del paesaggio culmina sul finire degli anni ottanta con la pubblicazione dei volumi *Paesaggio italiano* e *Il profilo delle nuvole*, entrambi del 1989.
Nel 1991 conclude un lavoro su Giorgio Morandi, che lo aveva impegnato per due anni.
Muore a Roncocesi (Reggio Emilia) il 14 febbraio 1992.

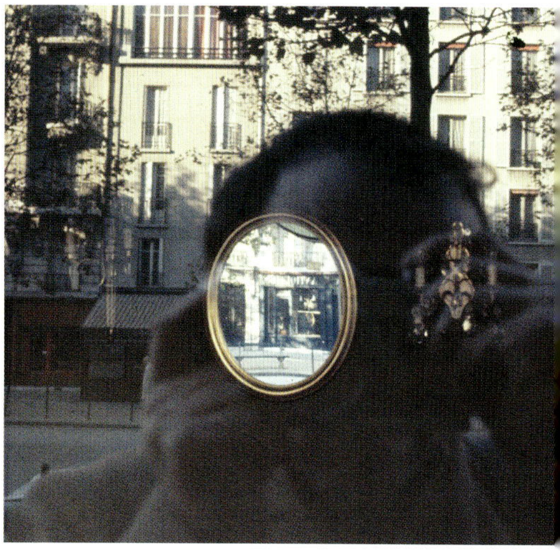

Luigi Ghirri, *Autoritratto-Parigi / Self-Portrait-Paris*, 1977

Biography

Luigi Ghirri was born in Scandiano (Reggio Emilia) on 5 January 1943.
He begins his career as photographer in 1970, primarily working for conceptual artists; during that year he conducted various personal research projects that would have later been published under different titles. The work entitled *Colazione sull'erba* was dated 1972–1974; then in 1973 came *Atlante* and his first solo exhibition in Modena. He also worked as a graphic artist and in 1975 was selected as "Discovery" of the year by *Time-Life*; that same year he published an 8-page portfolio in *Time-Life Photography Year*.
Together with Paola Borgonzoni and Giovanni Chiaramonte, in 1977 he founded the Punto e Virgola publishing company for whom he published (both in Italy and in France) *Kodachrome* (1978) – the result of a research project that was commenced at the beginning of the decade. In 1979 the CSAC (University of Parma) staged a great personal exhibition in his name.
In 1982 he was invited to the *Fotographie 1922-1982* exhibition held at the Photokina trade fair in Cologne. The following year *Lotus International* magazine assigned him the task of photographing Aldo Rossi's cemetery in Modena. Hence he began some intense work aimed at the analysis of Italian architecture and landscape, publishing books on Capri (1983), with Mimmo Jodice; Emilia Romagna (1985-1986) and Aldo Rossi (1987); he steadily collaborated with the *Lotus International* magazine. He also conducted important work entailing the organization of exhibition projects, including *Iconicittà* (1980) on the premises of PAC in Ferrara, *Penisola* (1983) staged at the Forum Stadtpark in Graz, *Viaggio in Italia* (1984), a travelling exhibition, and *Descrittiva* (1984) for the Rimini Municipality.
In 1985 Ghirri published a book on the works of Paolo Portoghesi and concluded his work on the Sapienza University of Rome campus planned by Piacentini; the following year he embarked upon the project interpreting the Po Valley landscape called *Esplorazioni lungo la via Emilia*.
In 1988 the book entitled *Il Palazzo dell'Arte* by Arturo Carlo Quintavalle was published, accompanied by his photographic research on the principal museums in Italy and abroad.
His extended and profound reflections on the subject of landscape culminated at the close of the eighties with the publication of the books entitled *Paesaggio italiano* and *Il profilo delle nuvole* (both published in 1989).
After having worked on this endeavour for two years, he concluded his project on Giorgio Morandi in 1991.
He died in Roncocesi (Reggio Emilia) on 14 February 1992.

Elenco delle opere / List of Works

p. 25
Sabbioneta, 1989, serie / series *Paesaggio Italiano*, stampa cromogenica / contact C-print, 5,5 × 7 cm, Collezione privata / Private collection, Bergamo

p. 26
Fidenza, 1985, serie / series *Il profilo delle nuvole*, stampa cromogenica / contact C-print, 9 × 11 cm, stampa a cura di / print by Luigi Ghirri e / and Arrigo Ghi, Collezione privata / Private collection, Bergamo

p. 27
Bologna, 1987, serie / series *Il profilo delle nuvole*, stampa cromogenica / contact C-print, 9 × 11 cm, stampa a cura di / print by Luigi Ghirri e / and Arrigo Ghi, Collezione privata / Private collection, Bergamo

p. 28
Venezia, 1987, serie / series *Paesaggio italiano*, stampa cromogenica / contact C-print, 9 × 11 cm, Collezione privata / Private collection

p. 29
Venezia, 1986, serie / series *Paesaggio italiano*, stampa cromogenica / contact C-print, 9 × 11 cm, Collezione aec / aec collection, Bergamo

p. 30
Campagna emiliana, 1985, serie / series *Paesaggio italiano*, stampa cromogenica / contact C-print, 5,5 × 7 cm, Collezione aec / aec collection, Bergamo

p. 31
Cittanova di Modena, 1985, serie / series *Il profilo delle nuvole*, stampa cromogenica / contact C-print, 9 × 11 cm, stampa a cura di / print by Luigi Ghirri e / and Arrigo Ghi, Collezione privata / Private collection, Bergamo

p. 33
Lido di Spina, 1974, serie / series *Kodachrome*, stampa cromogenica da internegativo / vintage print, 19 × 28 cm, stampa a cura di / print by Luigi Ghirri e / and Arrigo Ghi, Collezione privata / Private collection, Bergamo

p. 34
Marina di Ravenna, 1972, serie / series *Kodachrome*, stampa cromogenica da negativo / vintage print 24 × 36 mm, 30 × 20 cm, stampa a cura di / print by Luigi Ghirri e / and Arrigo Ghi, Collezione Bettoni / Bettoni collection, Curno (Bergamo)

p. 35
Marina di Ravenna, 1972, serie / series *Kodachrome*, stampa cromogenica da internegativo / vintage print, 30 × 20 cm, stampa a cura di / print by Luigi Ghirri e / and Arrigo Ghi, Collezione privata / Private collection, Bergamo

p. 36
Monticelli, 1987, serie / series *Terme dell'Emilia Romagna*, stampa cromogenica / contact C-print, 9 × 11 cm, Galleria Massimo Minini, Brescia

p. 37
Ile Rousse, 1976, serie / series *Kodachrome*, stampa fotografica vintage / vintage print, 12,5 × 17,5 cm, Collezione privata / Private collection, Bergamo

p. 38
Cervia, 1989, serie / series *Paesaggio italiano*, stampa cromogenica / contact C-print, 8 × 10 cm, stampa a cura di / print by Luigi Ghirri e / and Arrigo Ghi, Collezione privata / Private collection, Bergamo

p. 39
Cervia, 1989, serie / series *Paesaggio italiano*, stampa cromogenica / contact C-print, 8 × 10 cm, stampa a cura di / print by Luigi Ghirri e / and Arrigo Ghi, Collezione privata / Private collection, Bergamo

p. 40
Modena, 1974, serie / series *Kodachrome*, *Il paese dei balocchi*, stampa cromogenica / contact C-print, 20,5 × 29 cm, Collezione aec / aec collection, Bergamo

p. 41
Riva di Tures, 1977, serie / series *Kodachrome*, stampa cromogenica da negativo / vintage print 24 × 36 mm, 23,5 × 29,5 cm, Collezione Giovanni Milesi / Giovanni Milesi collection, San Giovanni Bianco (Bergamo)

p. 43
Trieste, 1986, serie / series *Paesaggio italiano*, stampa cromogenica / contact C-print, 5,5 × 7 cm, Galleria Massimo Minini, Brescia

Torino – Sede GFT, 1987, serie / series *Architetture di Aldo Rossi*, stampa cromogenica / contact C-print, 5,5 × 7 cm, Galleria Massimo Minini, Brescia

p. 44
New York – Mayflower Hotel, 1986, serie / series *Atlante metropolitano*, stampa cromogenica da negativo / vintage print 6 × 7 mm, 23 × 28 5 cm, stampa a cura di / print by Luigi Ghirri e / and Arrigo Ghi, Collezione privata / Private collection, Bergamo

Caserta, 1987, serie / series *Un piede nell'Eden*, stampa cromogenica / contact C-print, 8 × 10 cm, Collezione privata / Private collection

p. 45
Caserta, 1987, serie / series *Un piede nell'Eden*, stampa cromogenica / contact C-print, 8 × 10 cm, Collezione privata / Private collection

Caserta, 1987, serie / series *Un piede nell'Eden*, stampa cromogenica / contact C-print, 8 × 10 cm, Collezione privata / Private collection

p. 46
Ponza, 1986, serie / series *Paesaggio italiano*, stampa cromogenica / contact C-print, 5,5 × 7 cm, Galleria Massimo Minini, Brescia

p. 47
Castelfranco Emilia, 1975, serie / series *Kodachrome*, stampa cromogenica da negativo / vintage print 24 × 36 mm, 37 × 51 cm, Collezione Giovanni Milesi / Giovanni Milesi collection, San Giovanni Bianco (Bergamo)

p. 48
Masone Reggio Emilia, 1985, serie / series *Paesaggio italiano*, stampa cromogenica / contact C-print, 9,4 × 10,6 cm, stampa a cura di / print by Luigi Ghirri e / and Arrigo Ghi, Collezione privata / Private collection, Bergamo

p. 49
Prato – Teatro Metastasio, 1986, serie / series *Luca Ronconi – Ignorabimus*, stampa cromogenica da negativo a contatto / vintage print, 5,5 × 7 cm, Collezione aec / aec collection, Bergamo

p. 50
New York, 1989, serie / series *Atlante metropolitano*, stampa cromogenica / contact C-print, 8 × 10 cm, stampa a cura di / print by Luigi Ghirri e / and Arrigo Ghi, Collezione Falconi-Leidi / Falconi-Leidi collection

p. 51
New York – Gioielleria Bulgari, 1988, serie / series *Bulgari*, stampa cromogenica / contact C-print, 8 × 10 cm, Galleria Massimo Minini, Brescia

p. 52
Milano, 1989-1990, serie / series *Studio di Aldo Rossi*, stampa cromogenica / contact C-print, 8 × 10 cm, Collezione aec / aec collection, Bergamo

Milano, 1989-1990, serie / series *Studio di Aldo Rossi*, stampa cromogenica / contact C-print, 8 × 10 cm, Galleria Massimo Minini, Brescia

p. 53
Torino, 1987, serie / series *Architetture di Aldo Rossi*, stampa cromogenica / contact C-print, 5,5 × 7 cm, stampa a cura di / print by Luigi Ghirri e / and Arrigo Ghi,
Collezione privata / Private collection

Bologna, 1989-1990, serie / series *Atelier di Giorgio Morandi*, stampa cromogenica / contact C-print, 8 × 10 cm, stampa a cura di / print by Luigi Ghirri e / and Arrigo Ghi,
Collezione privata / Private collection, Bergamo

p. 54
Atelier Morandi – Bologna via Fondazza, 1989-1990, serie / series *Atelier Morandi*, 20 × 25 cm,
Collezione privata / Private collection, Bologna

p. 55
Atelier Morandi – Bologna via Fondazza, 1989-1990, serie / series *Atelier Morandi*, stampa cromogenica da negativo / vintage print 6 × 7 mm,
20 × 25 cm, stampa a cura di / print by Luigi Ghirri e / and Arrigo Ghi,
Collezione privata / Private collection, Bologna

p. 56
Correggio – Villa Pirondini, 1990, serie / series *I luoghi della musica*, stampa cromogenica / contact C-print, 8 × 10 cm, stampa a cura di / print by Luigi Ghirri e / and Arrigo Ghi,
Collezione privata / Private collection, Bergamo

p. 57
Correggio – Villa Pirondini, 1990, serie / series *I luoghi della musica*, stampa cromogenica / contact C-print, 8 × 10 cm, stampa a cura di / print by Luigi Ghirri e / and Arrigo Ghi,
Collezione aec / aec collection, Bergamo

p. 58
Correggio – Villa Pirondini, 1990, serie / series *I luoghi della musica*, stampa cromogenica / contact C-print, 8 × 10 cm, stampa a cura di / print by Luigi Ghirri e / and Arrigo Ghi, Collezione privata / Private collection, Bergamo

p. 59
Modena, 1972, serie / series *Paesaggi di cartone*, stampa cromogenica / contact C-print,
26,4 × 14,8 cm, Collezione privata / Private collection, Bologna

p. 60
Modena, 1973, serie / series *Kodachrome*, stampa cromogenica da negativo / vintage print 24 × 36 mm, 29,5 × 20 cm,
Collezione Giovanni Milesi / Giovanni Milesi collection, San Giovanni Bianco

p. 61
Rotterdam, 1973, serie *Kodachrome*, cromogenica da internegativo / vintage print 24 × 36 mm, 29,7 × 20,2 cm, stampa a cura di / print by Luigi Ghirri e / and Arrigo Ghi,
Collezione privata / Private collection, Bergamo

p. 63
Engelberg, 1972, serie / series *Kodachrome*, cromogenica da internegativo / vintage print 24 × 36 mm,
29,7 × 20,2 cm, stampa a cura di / print by Luigi Ghirri e / and Arrigo Ghi,
Collezione privata / Private collection, Bergamo

p. 64
Modena, 1973, serie / series *Paesaggi di cartone*, stampa cromogenica da negativo / vintage print, 12,6 × 17,8 cm, Collezione aec / aec collection, Bergamo

p. 65
Bologna, 1973, serie / series *Kodachrome*, stampa cromogenica da negativo / vintage print 24 × 36 mm, 15,5 × 23,5 cm, stampa a cura di / print by Luigi Ghirri e / and Arrigo Ghi,
Collezione privata / Private collection, Bologna

p. 67
Bologna, 1973, serie / series *Fotografie del periodo iniziale*, stampa cromogenica da internegativo / vintage print 24 × 36 mm,
13,9 × 11,6 cm, stampa a cura di / print by Luigi Ghirri e / and Arrigo Ghi,
Collezione privata / Private collection, Bergamo

p. 69
Hergiswil, 1972, serie / series *Kodachrome*, stampa cromogenica da negativo / vintage print 24 × 36 mm,
22,7 × 14,5 cm, stampa a cura di / print by Luigi Ghirri e / and Arrigo Ghi,
Collezione privata / Private collection, Bologna

p. 70
Modena, 1973, serie / series *Kodachrome*, stampa cromogenica da negativo / vintage print 24 × 36 mm, 16,5 × 12,5 cm, stampa a cura di / print by Luigi Ghirri e / and Arrigo Ghi, 1973,
Collezione Falconi-Leidi / Falconi-Leidi collection

p. 71
Modena, 1973, serie / series *Kodachrome*, stampa cromogenica da negativo / vintage print 24 × 36 mm, 11,4 × 17 cm,
Collezione Giovanni Milesi / Giovanni Milesi collection, San Giovanni Bianco (Bergamo)

Modena, 1974, serie / series *Kodachrome*, stampa cromogenica da negativo / vintage print 24 × 36 mm, 16,5 × 24,8 cm, stampa a cura di / print by Luigi Ghirri e / and Arrigo Ghi, 1973,
Collezione Falconi-Leidi / Falconi-Leidi collection

p. 73
Modena, 1973, serie / series *Il paese dei balocchi*, 23 × 14,7 cm, Collezione privata / Private collection, Bologna

p. 74
Modena, 1974, serie / series *Il paese dei balocchi*, e serie / and series *I paesaggi di cartone*, stampa cromogenica da negativo / vintage print 24 × 36 mm, 20 × 25 cm, Collezione Giovanni Milesi / Giovanni Milesi collection, San Giovanni Bianco (Bergamo)

Modena, 1973, serie / series *Kodachrome*, stampa cromogenica da negativo / vintage print 24 × 36 mm, 19 × 28,5 cm, Collezione Giovanni Milesi / Giovanni Milesi collection, San Giovanni Bianco (Bergamo)

p. 75
Bastia, 1976, serie / series *Kodachrome*, e serie / and series *Still life*, stampa cromogenica da negativo / vintage print 24 × 36 mm,
20 × 29,5 cm, Collezione Bettoni / Bettoni collection, Curno (Bergamo)

p. 77
Milano – Castello Sforzesco, 1986, serie / series *Il Palazzo dell'Arte*, 8 × 10 cm,
Collezione privata / Private collection, Bergamo

p. 85
Luzern, 1971, serie / series *Kodachrome*, stampa cromogenica da negativo / vintage print 24 × 36 mm, 30,5 × 20 cm, Collezione Bettoni / Bettoni collection, Curno (Bergamo)

Catalogo realizzato in occasione della mostra
Catalogue published for the exhibition
Luigi Ghirri. Pensiero Paesaggio
Luigi Ghirri. Thought Landscape
a cura di / curated by
Corrado Benigni, Mauro Zanchi

Complesso Monumentale di Astino, Bergamo
10 giugno - 25 luglio 2016 / 10 June – 25 July 2016

Mostra promossa da / Exhibition promoted by

MIA FONDAZIONE CONGREGAZIONE MISERICORDIA MAGGIORE BERGAMO

Ringraziamenti / Acknowledgements

Diego Bergamaschi
Cristian Berselli
Ettore Bettoni
Alessandro Caffi
Giuseppe e / and Simonetta Casarotto
Oliviero e / and Simona Falconi
Alberto Ferrari
Maria Fontana
Marco Ghigi
Adele Ghirri
Ilaria Ghirri
Marco Martini
Giovanni Milesi
Massimo Minini

Gli autori ringraziano l'Archivio Eredi Luigi Ghirri / The authors thank the Luigi Ghirri Heirs Archive

Sponsor

FONDAZIONE CREDITO BERGAMASCO

In copertina / Cover
Luigi Ghirri, *Sabbioneta*, 1989

Silvana Editoriale

Direzione editoriale / Direction
Dario Cimorelli

Art Director
Giacomo Merli

Coordinamento editoriale / Editorial Coordinator
Sergio Di Stefano

Redazione / Copy Editor
Sara Tedesco

Traduzioni / Translations
Contextus srl, Pavia (Vittoria Farallo, Martin Maguire)

Impaginazione / Layout
Donatella Ascorti

Coordinamento di produzione / Production Coordinator
Antonio Micelli

Segreteria di redazione / Editorial Assistant
Ondina Granato

Ufficio iconografico / Photo Editor
Alessandra Olivari, Silvia Sala

Ufficio stampa / Press Office
Lidia Masolini, press@silvanaeditoriale.it

Silvana Editoriale S.p.A.
via dei Lavoratori, 78
20092 Cinisello Balsamo, Milano
tel. 02 453 951 01
fax 02 453 951 51
www.silvanaeditoriale.it

Le riproduzioni, la stampa e la rilegatura
sono state eseguite in Italia
Stampato da Grafiche Aurora s.r.l., Verona
Finito di stampare
nel mese di maggio 2016

Reproductions, printing and binding
in Italy
Printed by Grafiche Aurora s.r.l., Verona
May 2016